ちくま新書

ゆとり世代はなぜ転職をくり返すのか？

――キャリア思考と自己責任の罠

福島創太
Fukushima Sota

1275

ゆとり世代はなぜ転職をくり返すのか？——キャリア思考と自己責任の罠【目次】

第5章　自己責任の罠　145

章扉写真　苅部太郎

はじめに――〝自分らしいキャリア〟って何？

†転職する「ゆとり世代」

「入ってみて合わなかったら辞めてもいいいと思ってた」

「最初の会社はステップアップの一つって考えてた」

　これは20代の転職者から聞かれた言葉だ。この言葉を聞いて、「わかる！　私もまったく同じこと考えていた」という方もいれば、「けしからん！　だからイマドキの若者は」と思う方もいらっしゃるだろう。

　彼らの多くは「ゆとり世代」と呼ばれ、ストレスに弱いとか、自己中心的と言われたりする。この世代のキャリアについての語りに見られるのは、これまでの慣習にとらわれないこと、やりたいことを重視すること。まさに〝自分らしいキャリア〟を模索する姿がそこにはある。

そしていま、そんな若者の転職が増えている。大学卒業後3年以内の離職率が3割であることを表す「3年3割」という言葉は、もはや聞き慣れた言葉となった。しかも、厚生労働省が行っている「新規学卒就職者の在職期間別離職率の推移」を見てみると、実ははじめの3年間で最も離職率が高いのは1年目となっている。世の中では若者は安定志向化していると言われたりもする。就労前の大学生、あるいは就職したときの新社会人は、将来への不安に苛まれ、「入社した会社で勤め上げることを望む」と言うかもしれない。しかし実際に働き始めた後を見てみると、そうとは言いきれない。

「内定ブルー」という言葉も流行っている。内定式に出ても、「本当にこの会社でいいのか」と悩み、不安が解消できない状態を指す言葉だ。そんな気持ちを抱えたまま会社に入り、「やっぱりここではなかった」、そんな風に思って転職する若者も少なくないのだろう。内定先の企業に対して、「本当にこの会社でいいのだろうか？」という不安はいつの時代にもありそうなものだが、あえて「内定ブルー」なんていう言葉が付けられているところに注目度（注目させようとする度）の高さを感じる。

このように若くして転職へと向かう彼らに対する社会からの視線は、決して暖かくはない。「世間知らず」、「我慢ができない」、「その日暮らし」そんな言葉も聞こえてくる。社会が彼らにそのような思いを抱く気持ちもわからなくはない。

２０１２年に『10年後に食える仕事、食えない仕事』（渡邉２０１２）という本が話題となったが、その本では、日本の職業の72・５％が、グローバル化のなかで世界的な最低給与水準に収斂される可能性が高いということが紹介されている。また日本の労働人口の約49％が就いている職業が、10〜20年後に人工知能やロボットによって代替可能となると野村総合研究所は発表した（株式会社野村総合研究所「日本の労働人口の49％が人工知能やロボット等で代替可能に」２０１５年12月20日ニュースリリース）。就労機会を獲得する難易度が高まるという意味で、「働くこと」はこれからどんどん難しくなっていくのかもしれない。それはつまり、生きることが難しくなることにつながるのかもしれない。そんな恐れがあるなかで、せっかく摑み取った就職先を手放して本当によいのだろうか。そう思う方は少なくないだろう。

一方で、先行きが見えないからこそ所属する企業にもしがみつかない、信じるものは自分で決める、だから転職だってする。そんな考え方もあるだろう。

問題は、ここまで述べてきたような若者達の行く末である。彼らは転職をしながら〝自分らしいキャリア〟を歩んでいけるのだろうか。先行きが見えないなかで、少なくともちゃんと働き続けられるのだろうか。

†キャリア思考の罠

そんなゆとり世代、そしてもっと若い世代はいま、自分のキャリアについて考え続けている。キャリア教育はどんどん弱年齢化し、大学に入学してすぐインターンを始める者も珍しくない。そして、学生時代から就職した後もずっと、〝自分らしいキャリア〟とは何かを模索し続けている。僕はこうした状態を「キャリア思考」と呼んでいる。

では、この〝自分らしいキャリア〟とはいったい何なのか。イギリスの社会学者であるA・ファーロングは、『若者と社会変容――リスク社会を生きる』（訳書2009）のなかで、自由で平等だと言われる今日においてもなお、個人の意思決定は、大いに社会構造に影響を受けているということを明らかにしている。

もし〝自分らしいキャリア〟を追い求める「キャリア思考」も、考え抜いた〝自分らしいキャリア〟の中身も、社会構造の影響を受けているとしたら、〝自分らしいキャリア〟なんてものは本当に存在すると言えるだろうか。

就活のためのインターネットサイトはオープンアンドフェアを謳《うた》い、企業は、生まれ育った家柄はもちろんのこと、学歴によってその人材の能力を測ることもしない。就活の面接では「志望動機」や「将来何がしたいか」を聞かれ、常に主語が「自分」であることが求められる。そして面接時間の多くが「意志」の確認に割かれる。

「自分が何をしたいのか」を、唯一にして最大の判断基準にして、自分自身のキャリアを自ら描く。高度経済成長期を支えた世代からは考えられない、〝自由にキャリアを描く時代〟がやってきたのだ。ゆとり世代であり、本書の言う〝若者〟と同じ時代を生きてきた筆者は、そう思って大学生のときに就職活動をした。

それから6年が経った。就職した会社を辞め、大学院に入り、今は大学院に所属しながら仕事をしている。3年後自分がどうなっているかは想像もつかない。安定とは懸け離れた日々で、「今後どうしていくか」を常に考える。将来への不安もつきない。しかしそれは「仕方ないこと」と考えられるのが一般的だろう。〝自分らしいキャリア〟の歩んだ先に起こることの責任は、自分で持つ。なんたってそれは自分で決めたことなのだから。

〝自分らしいキャリア〟なんてもの本当は存在しないかもしれないのに？

ではなぜ僕たちは〝自分らしいキャリア〟を追い求めて生きているのか。そしてその先にある責任を、何を根拠にして負うのか。

〝自分らしいキャリア〟という言葉がまとうこの違和感はいったい何なのか。

僕と同じように、キャリアを取り巻く環境が劇的に変化した世界で、将来のことを考え、〝自分らしいキャリア〟を求めて人生を歩み始めた若者たちが、今何を思っているのかが本書にまとめられている。そして静かにも確実に蓄積される将来に対するリスクと、それが社会においてどんな意味を持つのかということについて考えた。

僕が抱いた違和感の正体は何だったのか。一言で表すとすれば、それは「理不尽な自己責任への違和感」である。

その違和感を、本書を通して一つ一つ紐解いていきたい。そして本書を通してわかったことを、立場や年代は違うが、どうやってこれから生きていこうかと悩んでいる方、自分自身の責任のもとキャリアを形成していかなければならないというプレッシャーに押しつぶされそうな誰かに届けられたらと思う。

†大人たちへ

大人は、特に人事担当者や経営者、大学職員、あるいは若者世代の親といった、若者のキャリア形成を取り巻く方々は、彼らのキャリア形成をどのように見ているだろうか。

昔では考えられなかったキャリアの描き方を羨むだろうか。なんと危ういキャリアを歩むことかと心配するだろうか。

「理不尽な自己責任」なんて言うと、「若者はそうやってすぐ責任放棄する！」と怒られるかもしれない。しかし、今ゆとり世代の若者が葛藤を抱えているとしたらそれには理由があり、意味があるはずなのだ。

ミレニアル世代という言葉をご存知だろうか。２０００年以降に成人あるいは社会人になった世代が、それ以前の世代とは異なる特性を持っていると言われ、アメリカで注目されているのだ。物心がついた頃からインターネットやパソコンが普及していたデジタルネイティブ世代の最初の世代であり、ＳＮＳなどで常に情報を発信する彼らは、自己顕示欲が強く、ポジティブで自由主義、そして変化を厭わない。日本においては、博報堂生活総合研究所が、ビフォーバブル世代（〜１９７３年生まれ）とアフターバブル世代（１９７４

年生まれ〜）では大きく価値観が異なるという調査結果を発表している。アフターバブル世代は、未来は現状の延長線上ではなく現状打破した先にあると思い、同じライフスタイルを続けるより常に柔軟に更新したいと思っているのだ。

そして、現在はまだビフォーバブル世代が人口の過半数を占めるが、２０２３年には拮抗し、それ以降はアフターバブル世代が人口の過半数を占めていく。

思えば我々の世代は、ゆとり世代に始まり、デジタルネイティブ世代、ミレニアル世代、アフターバブル世代と、様々な呼ばれ方をしてきた。改めて名前をつけたくなるほど、それまでの人々とは何かが違うということなのだろう。そんな大きな時代の変化の狭間を生きてきたのが我々ゆとり世代だ。◯◯世代として語られるとき、それ以外の世代はその世代を客観視する。もっと踏み込んで言えば、自分たちとは違う得体の知れない存在と思っていることが、◯◯世代という言葉には表れているのかもしれない。

そんな世代が、これからの社会を担っていく。それはそう遠くない未来のことだ。

経済成長は停滞し、格差は拡大し、固定化している。閉塞感の漂う今日において、そしてすべての人が共感できる将来像のなくなったこの時代において、若者の世代が何を生み出し、何を変えていけるのかは、社会全体の大きな問題であろう。そんなプレッシャーを望んだわけではないが、こんな時代を生きる僕たちは、社会を生きる当事者として、未来を創る当事者として、力強く生きていかなければならない。だからこそ多くの大人には、そんな若者が今どんな状況にいて、何を悩んでいて、その悩みが何によって生まれているのかということに、少しでいいから目を向けて欲しい。「わがままで無責任」、「貧弱で移り気」だと思う若者が、どんな思いを抱えて生きているのか、彼らの声に少しでいいから耳を傾けて欲しい。「ゆとり世代」とくくられた若者世代が、いかに多様か。そしていかに人間臭い葛藤を抱えながら生きているのかを、感じていただけたらと思う。

†本書の構成

本書は、すでに転職を経験した20代へのインタビューと、キャリア面談へのフィールドワークという2つのデータの分析によって構成されている。

第1章では、若者の転職が増えているという事実とその社会的背景を確認したうえで、インタビューを行った転職者の類型化を行う。ここは本書の土台となる部分である。

そして第2章、第3章で、転職者のインタビューを分析し、彼らがどのようにキャリアを歩んできたのかを見ていく。この部分は読む方の年齢や立場によって共感的に読み進めていただける場合もあれば、ものすごく強い反感を持たれる場合もあるかもしれない。もしそうなったとしても、この後の第5章まではお付き合いいただけたらと思う。

第4章、第5章は、キャリア形成、転職という個人のライフイベントを社会構造から捉えた。この2つの章は、学校の先生、キャリアカウンセラー、人事担当者、親といった、誰かのキャリア形成に関わる全ての人、そしてキャリアを形成する当事者の全てに、ぜひお読みいただきたい。

それ以降の章では、転職する若者のキャリアをより豊かにするためにはどうすれば良いのかを検討している。第6章は、彼らのキャリア形成の契機としてキャリア面談を取り上げ、その可能性と、課題について考察した。最終章となる第7章は僕が行った分析を通して、若者の転職者が抱える問題、社会が抱える問題をまとめた。そして社会に対する問題提起を行ったうえで、筆者なりの解決策を提示する。

本文にいく前に最後に一つだけ。本書では注や参考文献を積極的に載せている。僕が研究を始めて気づいたことの一つが、過去の研究や概念が、人生でぶちあたる課題を乗り越える大きな手がかりになるということだ。この本を通して出会った概念や、書籍が、目の前の壁を乗り越えようとする誰かの手助けとなればとも、ささやかながら思っている。

第 1 章

若者の転職は問題なのか？

1　増加する大卒若年層の転職

†若者の声

「長続きしない若者」、「3年以内離職率、3割」、「転職を繰り返す若者たち」。このようなフレーズを新聞やテレビで見かけることはもはや珍しいことではない。特に、企業が新入社員を迎える4月や、GWがあけて5月病のビジネスマンが増える時期になると、季節モノかのように若者の離職や転職に関するニュースが取り上げられる。実生活の中でも、ゆとり世代に属する若者とそれ以前の世代では、仕事やキャリアに対する考え方が大きく変わってきていることを強く感じる。

一方で筆者は現在28歳、本書で取り上げる「ゆとり世代」[*1]の一員だが、僕らの世代にとっては当たり前に感じることが、他の世代にはまったく認識されていないということもあるかもしれない。若者がどんな状況にいるのか、なにを考えているのか、見当もつかないという方も当然いるだろう。

そこでまず、彼らの実際の声を紹介することで、本書が語り出そうとしている若者の姿をイメージしてもらえたらと思う。

若者の特徴をわかりやすくするために、社会人人生も終盤に差し掛かったベテラン社員の声もあわせて紹介したい。彼は文系学部を卒業したあと、大手民間金融機関に勤め、現在勤続36年。年齢は50代後半。会社の合併などで勤め先の社名は変わったが、転職経験はない。とりあえず「ベテラン氏」と呼んでおこう。

最初に、大学生のとき、就職後のことをどれくらい意識していたかを両者に聞いてみた。ベテラン氏から返ってきた答えはこうだ。

「(就職してから) やりたいことなんて特になかったよ。自分の学部とか大学時代やってきたことが就職に関係するとも思ってなかったし。志望動機なんて特になかった」

対して今時の若者はこう語る。

「(その会社を選んだ理由は) 自分がやりたいことできそうだなって。頑張って調べて、それで (会社のこと) 知ったら、あ、こういうことやりたいなって」(L氏)

「いわゆる自己分析はした。最終的には人とのコミュニケーションが楽しかったなと。だからコミュニケーションを活発化させるサービスはいいなって」(H氏)

続いてベテラン氏に、「転職について考えたことはあったか?」という質問をしてみた。

「ないね。就職前はもちろんないし、就職してからもない。辞めたいと思ったことがないわけじゃないけど、その気持ちが続いたり、実行にうつそうと思ったことは一度もない。今思うと、辞めることに不安はあっただろうし、そもそも現実的な選択肢として頭になかったよ。極端な話(転職は)ドロップアウトとも思ってた」

いまの若者は違う。

「社会人の最初の会社はスキルを身につける場だっていうのは就職活動をする前から思っていた」(D氏)

「その会社(新卒で就職した会社)にずっといるとは思っていなかったよ」(L氏)

さらに、転職を経験した若者に「転職に対して不安はなかったのか?」、「不安を超えるほどに、転職したい重大な理由があったのか?」と聞いた。

「不安はなかったです」(G氏)

「(転職を考え始めた)決定的なきっかけみたいなのはあんまりないわ。ただ、なんかこう、(勤めている会社に)ワクワク感みたいのないなって。あとなんか、いろいろルールとか見えてきて縛られてる感があって。このままだと縮こまった人間になっちゃいそうだなっ

て」（C氏）

彼らには転職に対する不安もなければ、転職するための一大決心もいらないのだという。一昔前であれば、考えられなかったことではないだろうか。

ではキャリアに対する考え方はどうか。ベテラン氏は次のように語った。

「入った会社で勤めあげると思ってたよ。その会社で昇進して、結婚して、家を買って、子どもを育てててって。それが普通だったし、当然それに疑いもなかった」

一方、若者はこう語る。

「毎日愚痴言いながら会社にしがみつくような会社員人生にはしたくないって思った。それを軸に人生設計して、武器を身につけて自分でキャリアを描けるようになろうと思った」（A氏）

「あの仕事もいいし、こっちの仕事もいいしって、プロジェクトベースで仕事したい。良くも悪くも飽きっぽくて。常時3つくらい（別の）仕事を回しててっていうのがずっと続くのがいいなって。場所にも人にもとらわれずに働きたいんだよね」（D氏）

ここでも両者の違いがはっきりと感じられるだろう。現在の若者の答えからは、「会社に縛られないキャリア」を思い描いていることがわかる。

若者のこうした語りに対して、どういった印象を持たれるだろうか。「自分の周りにはこんな人いない！」と思われるだろうか。あるいは思い当たる会話があったり、誰かの顔が頭に浮かんだりするだろうか。

このように転職を視野に入れたキャリアプランを描く若者は、僕の周りではなんら珍しくない。すべての人がそのプランを実行に移すわけではないが、ここで紹介したような会話は日常的になされているし、それを聞いて驚く人もほぼいない。同世代で飲み会をひらくと、半分以上が転職を経験していることさえある。

†増加する若者の転職者

データからも、現在の若者にとって転職が珍しいことではないことがわかる。

厚生労働省の調査が、若者の転職者数が増加しているということを明らかにしている。「平成9年若年者就業実態調査（対象は30歳未満の労働者、以後1997年調査）」では、「初めて勤務した会社で現在勤務していない」と回答したのが28・2％だったのに対し、「平成25年若年者雇用実態調査（対象は15歳〜34歳の労働者、以後2013年調査）」では、対象者の約半数（47・3％）が、「勤務していない」と答えている。2つの調査の回答を25〜

29歳に限定しても、1997年調査では34％であったのに対し2013年調査では45％となっている。また、1990年代に20代を過ごした1970～74年生まれの世代を境に、人生の歩み方（ライフコース）が多様化しているという研究結果もある（岩井2011）。多様化した人生の歩み方の中には、当然転職しながらキャリアを歩む生き方も含まれている。

そもそも若者はこれまでも、他の世代に比べて平均失業率が高いとされてきた。それは、若いうちに適職を探しながら転職を繰り返す人が多いためであり、そうした転職は「天職探しのための投資」とも言われ、いつの時代も大方変わらない普遍的な現象とされてきた。しかし現在、さらに若者の転職者は増加傾向にある。

なぜ、そうした現象が起きているのだろうか？

†若者の転職者が増加している理由

若年層で転職が増加している理由としてまず挙げられるのが、非正規雇用者の増加である。2005年に行われたSSM調査（1955年以降10年に1度行われる、社会学者による日本最大規模の社会調査。正式名称は「社会階層と社会移動調査」）を分析した中澤渉《わたる》（2008）は、一般的に不安定で離職や転職が多くなる非正規雇用者の増加が、見かけ上の労働市場の流動化を促している面があると指摘している。また佐藤嘉倫《よしみち》（２００９）は、「高学歴者は依然として正規雇用者として終身雇用制に守られている傾向があり、低学歴者は長引く不況の中で非正規雇用者として労働市場の周辺領域に留まる傾向がある」としている。つまり、転職しやすいとされる非正規雇用者の増加が、若年層で転職が増加している一つ目の理由である。

そして二つ目の理由が、今回本書で取り扱いたいテーマである。それは、大卒者、そして正社員として社会人人生をスタートした若者が転職をする理由である。

実は、転職者が増加しているのは非正規雇用者ばかりではない。そして、非正規雇用者になる可能性が高いとされる非大卒者ばかりでもない。リクルートワークス研究所が実施しているワーキングパーソン調査[2]では、２０００年の調査[3]にて「退職経験をもつ」と答えた者は全体の50・2％だったが、２０１２年の調査[4]では61・8％となっている。[5] 20代、大卒の正社員の回答に限定しても、15・3％（２０００年調査）から21・4％（２０１２年調査[6]）と増加傾向がうかがえる。次に転職意向にも目を向けると、「転職するつもりはない」という回答者は、全体で59・6％（２０００年調査）から51・7％（２０１２年調査）に減少している。20代、大卒の正社員の回答に限定しても、48・6％（２０００年調査）

から43・2%（2012年調査）になっている。2000年以降、大卒で、現在正社員として働く労働者のなかでも、転職を経験した者、そして転職意向を持つ者が徐々に増加しているのである。

また、大卒者、大学院卒者は、一度転職するとその後の転職サイクルが早くなることも指摘されている（浦坂2008）。一度転職を経験した大卒、大学院卒の労働者は、同じ会社で長く働き続けないキャリアを歩んでいく確率が高いのである。これまで長い間、日本の労働者は一つの会社で長期間就労することを前提としていたことを考えると、この変化は注目に値するだろう。

†大卒、正社員に目を向ける意味

確かに、非正規雇用者の増加や、非正規雇用者になりやすい非大卒層の存在は、若年労働者の転職の増加に大きく影響している。しかし前述の通り、大卒者、正規雇用者においても、転職者の増加やライフコースの多様化が徐々に起こっているのである。

それにもかかわらず、若者のキャリアに関するこれまでの研究は、フリーターやニートといった非正規雇用者や、不安定なキャリアを歩む非大卒者を対象にしたものに偏っている。そうした研究は、非大卒者や、非正規雇用者の抱える課題を浮き彫りにし、確かに大きな意義があった。

しかし、我々はこれからを見据えて、大卒者のキャリアについてもしっかりと研究していかなければならない。

その理由の一つは、大卒者かつ正社員という存在が一昔前に比べ、ずっと一般的になっていることである。大学（学部）進学率（過年度卒を含む）は51・5％で過去最高の割合（文部科学省「平成26年度学校基本調査」より）に達し、大卒であることはかつての高卒のように「標準」学歴となりつつある。加えて、大卒者の正社員比率は8割近い（79・6％）（「平成25年若年者雇用実態調査の概況」より）。

二つ目の理由は、大卒者かつ正社員のキャリア形成に、これまでの感覚では捉えきれない大きな変化が起きているということである。これまで見てきたとおり、大卒者や正規社員としてキャリアをスタートした若者たちのなかで、転職という道を選んだり、2度、3度と転職を繰り返しながらキャリアを歩んだりする者が増えている。これは日本のこれまでのキャリア環境やキャリア観では考えられなかった大きな変化である。今後もそうした若者が増えていくことが考えられるなかで、彼らがどういった意識でキャリアを形成しているのかを理解する意義は大きい。

2 転職者の増加が社会に与える影響

では若者の転職者の増加は、いったい社会にどういった影響を与えるのだろうか。さらに踏み込んで言えば、問題なのだろうか。

†転職が引き起こす変化

人材や雇用の流動化の賛否に関する議論はまだ続いている。しかし、そのことのリスクや問題点に関する検討が十分になされぬまま、人材と雇用の流動性がどんどん高まっていっているという印象も受ける。人材の流動化により、企業が新たな人材を獲得しやすくなることは、確かにイノベーションや業務の効率化につながる。だがその一方で、人材に蓄積されたノウハウや知識は、その人材が転職することで企業からは失われてしまう。その場合企業は不利益を被り、経済活動は停滞するだろう。人材の流動化は、社会にとってメリットもありデメリットもあるのだ。

一方、労働者個人に起こる大きな変化としては、キャリア形成の担い手が、会社から個人へとかわるということが挙げられる。就職した企業でキャリアを形成し続けるのとは異なり、転職者は自らの意思決定でキャリアを形成していく必要がある。大卒、大学院卒の場合、一度転職したらその後の転職サイクルがはやくなるという研究を紹介したが、転職を繰り返しながらキャリアを形成していくのであればなおさら、キャリア形成の主体と責任は明確にその個人に帰属していくだろう。

また「整理解雇の四要件（人員整理の必要性、解雇回避努力義務の履行、被解雇者選定の合理性、手続きの妥当性）」によって、日本では正規雇用者を解雇するのに高いハードルが設けられている。この制度自体に賛否もあるが、日本においては一度獲得した正規の職は失いづらいのだ。一方、転職がうまくいくかどうかはその人自身にかかっている。そして転職がうまくいかなければ職は保証されない。こうした観点から、新卒で入社した会社で働き続ける労働者よりも、転職者のほうがキャリアを安定的に形成していく難易度は高いといえるだろう。

†キャリアを不安定化させる転職

読者の皆さんが転職にどういったイメージを持たれているかわからないが、実は転職をすれば必ずキャリアアップできるというわけではない。少なくともこれまでの研究からいえば、転職は、就労において厳しい状態の労働者がすること、そして転職によって働く状況はより厳しいものになるという側面が強かった。

経済学または労働経済学の領域では、アンケートや実際のデータを用いて、どういった者が転職しているのか、そしてどういった者が転職によって年収が上がったり、就労に対する満足度を高めたりしているのかという研究が豊富にされてきた（樋口2001、玄田・中田編2002、平田・渡辺・西村2003、山本2008、森山2009、岩井2011、永沼2014など）。

これまでの研究を整理すると、転職経験者の多くが中小企業で働いており、大企業には比較的転職未経験者が多く（樋口2001、平田・渡辺・西村2003、永沼2014など）、収入の低い者ほど転職する傾向がある（樋口2001）。また、学歴が低いことが転職をする者の特徴としても挙げられている（平田・渡辺・西村2003など）。

つまり、どちらかといえば就労において厳しい状況にいる層に、転職者は多いのである。

転職後の仕事の満足度にも目を向けてみよう。仕事の満足度に関する5つの側面（収入、休日、労働時間、仕事内容、職場の人間関係）をスコア化してみると、労働時間、仕事内容、職場の人間関係に関する満足度においては転職者と定着者にそれほど顕著な差異を見出すことはできないが、やはり収入や休日に対する満足度には差が見られる結果となっている（西村２００３）。

次に、もともと厳しかった就労状況が転職によってさらに厳しい状況になっていく様相を確認したい。

まず、前職の企業規模が小さい労働者、あるいは学歴の高くない労働者ほど、非自発的な理由や前職への不満（プッシュ要因）によって離職する場合が多いことが明らかになっている。そうした理由で転職活動を開始する場合、会社を辞めてから求職活動を開始する可能性が高く、十分に求人情報を得られないことが多い。さらに、求人広告や職業安定所を利用する確率が高くなることもわかっている。そしてそうした方法での転職は、年収の低下や、就労に対する満足度の低下につながりやすいということもわかっている。

一方で前職に対する不満や会社都合のような非自発的な理由ではなく、「もっといい仕事があったから」という理由（プル要因）で離職している場合は、在職中に求職活動を行うことが多く、また情報を十分に得られることが多いこともわかっている。そしてプル要

図1　離職理由のタイポロジー

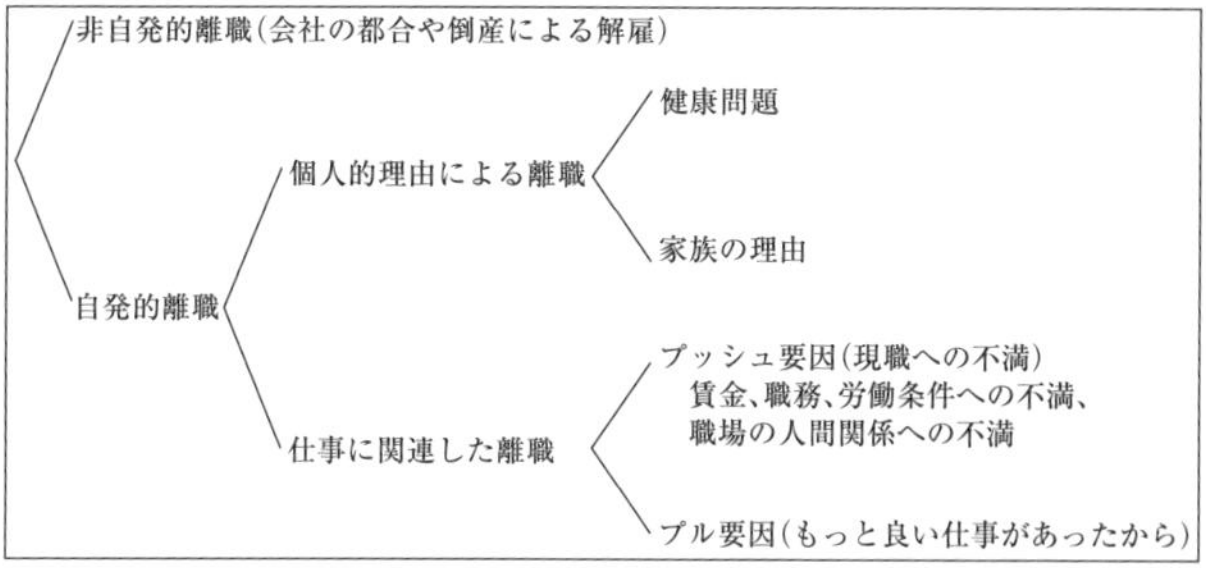

出典：渡辺（2014）

因で転職する者には、知人から転職先を紹介されたり、人材紹介会社を利用する確率が高くなるという分析結果もある。そしてそうした転職は、年収の増加や就労に対する満足度の向上に影響するとされている。

詳しくは前述した論文を参照されたいが、これまでの研究を整理すると、元々厳しかった就労状況が、転職によってさらに厳しくなっているということが読み取れる。

ここまでは様々な労働者の転職を総合的に紹介したが、大卒者、正社員の労働者においても、所属企業の規模が小さかったり、収入が低かったりするなど、比較的厳しい労働環境にいる労働者のほうが転職する可能性が高く、転職したとしても、年収や、就労への満足度の観点からは豊かな転職を遂げられる可能性は低い。

劣悪な労働環境が生む痛ましい事件の報道を毎日のようにテレビで見かけるほど、今日の労働環境の問題は深刻だ。厳しい労働環境の中で就労に対する満足度が下がり、転職が繰り返される可能性も大きい。若くして何度も転職を経験している人材や、一つの会社での就労期間が短い人材は、転職するたびに転職や再就職が難しくなっていくということがわかっている。このようなプロセスの中で彼らのキャリアは不安定なものになっていくかもしれない。

ちなみに、「学歴の高低」は、「転職による年収の増減」、「満足度の向上と低下」に直接影響を与えるという分析結果もある。本書の論点からは外れるが、育った家庭の経済状況による、本人の学歴や初職への就職に対する影響まで視野に入れると、格差の再生産構造が見えてくる。つまり、家庭の経済状況が厳しかった者は高い学歴を獲得しづらく、その結果厳しい労働環境の企業に就職し、そこから抜け出そうと転職したとしても、状況は改善されず、むしろさらなる厳しい状況に陥っていくという、負の連鎖の構造が見えてくるのだ。

†社会に蓄積される問題

冒頭にも書いた通り、若者の転職は「天職探しの投資」としてこれまで見過ごされてきた。扶養義務を負っていない若者の失業の深刻度は相対的に低いとも考えられている。また若者はスキル面で未熟な場合が多く、社会や経済活動に対するデメリットも小さいとされてきた。しかし将来、扶養義務を果たすためには、若い頃から準備しておく必要がある。そしてスキルを持たない若者の失業は、社会的なデメリットは小さいかもしれないが、経済活動に携わらない状態が続いた場合、それは大きなデメリットとなり得る。

もし、若者のキャリアが転職によって不安定なものとなるとしたら、彼らにとって重大な問題であるばかりでなく、社会的不安や社会的損失の引き金になると考えられる。例えば太田聰一《そういち》(2010)は、若年失業者の増加が、①日本の人的資本レベル(人材が身につけている知識や技能のレベル)の長期低迷、②貧困の連鎖の可能性、③若年労働市場の悪化による少年犯罪発生率上昇の可能性、④自殺者増加のリスク、⑤年金制度維持の困難化、⑥晩婚化および少子化の促進といった、様々な問題を引き起こす可能性を指摘している。このうちのいくつかが既にその兆候を見せはじめていることは、お分かりの通りだろう。

また、比較的安定し、恵まれた状態でキャリアをスタートできる場合が多い大卒者が、職を失ったり、キャリアが不安定化したりするとしたら、労働力の有効活用という観点からも大きな問題となる。これは国民の4人に1人が65歳以上である「超高齢社会」を世界で最初に迎え、生産年齢人口が圧倒的に減少傾向にある日本において、無視できない問題である。これは、先に述べた大卒が標準学歴となりつつあること、大卒者、正規雇用者のキャリア形成にこれまでの感覚では捉えきれない大きな変化が起きていることに加え、大卒者、正規雇用者のキャリアを研究するべき三つ目の大きな理由でもある。

3 なぜ若者は転職するのか

†変わりつつある転職に対する考え方

では、なぜ彼らは転職するのか。今の若者にとって、転職とはどういった意味を持つものなのだろうか。

転職に対する考え方がこれまでと変わってきていることがうかがえるデータがある。2010年に大学1年生と4年生を対象として東京大学比較教育社会学コースが実施した「社会科学分野の大学生向け調査」で得られたデータである。[*7]

単刀直入に言うと、「転職を許容するという意識を抱くのは、就労に希望を抱きづらい者のみではない」ということが、彼らの分析から読み取れたのである。

具体的に言えば、大学4年生において、4月以降の進路が非正規であることと「転職について（多少不満があっても一つのところにできるだけ長く働くのがよい／自分の能力や適性が発揮できるならば転職してもよい）」という項目を用いて指標化した、転職を許容する意識に相関が見られなかったのである。さらに、予定している進路に対する満足度、就職活動の結果に対する満足度についても、転職を許容する意識と有意な相関（統計的に見て相関がある）は見られなかった。予定進路の企業規模が、29人以下であることとはやや相関が見られた（10％水準）が、それ以外の企業規模と、転職許容意識にも有意な相関は見られなかったのだ。

つまり、「厳しい状況だから転職もやむをえない」という考え方だけではいまの若者の転職に対する考え方を捉えることはできないということが、現在の大学生の意識からわかるのである。

†自律的キャリアと転職意欲

本章の冒頭に取り上げた語りからも、若者がこれまで以上に一般的でポジティブなものとして転職を捉えていることがうかがえる。では現在の若者の転職に対する考え方は、なぜこれまでと異なるものとなったのだろうか。

その背景には、1990年代以降、長期雇用を前提に組織に所属し続けるような「伝統的キャリア」から、「自律的キャリア」へと、労働者が描くキャリア観が変容していると いうことがある。

本書のキーワードでもある自律的キャリアという言葉の意味をここで整理しておきたい。自律的キャリアと対比されるのが伝統的キャリアである。ヨーロッパの国際機関などのキャリアガイダンスの分野で活躍してきたワッツ（2001）は、伝統的なキャリア概念を、ある組織や専門性の中で秩序だった階層を上っていくことであると説明している。これに対比して、自律的キャリアを「同じ会社、組織に所属し続けないキャリア」と言うことができる。

しかし、労働者側、雇用者側双方のニーズとして昨今注目されている自律的なキャリア観には、もう少し積極的な意味合いが込められているように感じる。高橋俊介（2003）は、自律的キャリアについて①上昇志向の若手に見られる「社会出世ねらい」の自律的キャリア形成、②雇用流動化への自己防衛のための自律的キャリア形成、③「自分らしいキャリア」を目指すための自律的キャリア形成、と具体的なパターンを挙げている。つまり、求職者の自己実現のための自律（①、③）と、労働環境の変化に対する適応のための自律（②）という2つの意味合いが自律的キャリアにはあり、そうしたキャリア観の実践の結果が、「同じ会社、組織に所属し続けないキャリア」であるということである。

本章冒頭で紹介した語りは、③「自分らしいキャリア」を目指すために自律的キャリアを希望し、キャリアによる自己実現を望んでいる若者のものと理解できるだろう。詳しくは第3章で紹介するが、大学生にも、この自律的キャリア観につながる意識は見て取れる。また、若者のなかには「変化に対する適応としての自律」を望んでいる者もいるということが、今回実施した調査からもわかっている。彼らに対してもこれから詳しく紹介していきたい。

将来の予測や想定が難しい21世紀のキャリア環境においては、工業化社会で前提とされていたような伝統的なキャリア観が通用しなくなっていると言われる。工業化社会では、企業が労働者に将来のキャリアパスを見せることで長期的なキャリアプランを考えさせ、それによって将来への安心と、仕事への意欲を引き出していた。だが将来がわからないとなれば、このやり取りは成立しなくなる。21世紀のキャリア環境においては、労働者自身が、その場の主体的な判断と行動の積み重ねで学習し、成長していくというキャリアの積み方が適していると言われているのだ（高橋2012）。こうして社会に適したキャリアは自律的キャリアへとシフトしているのである。

そしてこの自律的キャリア観は転職意欲へとつながっている。「自己実現のための自律」を目指すような、キャリアアップや自分らしいキャリアへの意欲、そして雇用不安から他社での雇用を求めるような「変化に対する適応としての自律」を望む意識が、キャリア形成の中で転職意欲を芽生えさせていくのである。

こうしたキャリア観の変容が若者のキャリアや転職に対する考え方に影響し、これまでの世代とは異なる、転職に対する意識を醸成したと考えられる。

†長期就労の非合理化

こうした理由の他にも、若者の転職を促進する原因がある。それは若くして入社した企業に長期間にわたって就労し続けることの価値が薄れてきているということである。

企業は昨今、新入社員に対する長期的な人材育成方針を見直し、早期から即戦力であることを求めるようになった（熊沢2007）。企業経営を評価するスパンが短期化したことによって、若いときから早く成果を出すことや、過重なノルマが求められるようになっているのだ。その結果労働者は、企業から育成される機会を失い始めている。企業に育成されてスキルを身につけ、そのスキルを活用して収入が得られるのなら同じ会社に居続けたほうが効率的である。しかし、そもそも育成を受けられないのであれば、長期間その企業で就労するということ自体、大きなメリットではなくなるのだ。

こうした構造は会社のなかで身につけるスキルがどういったものかということとも関係している。アメリカの経済学者であるベッカー（1962）が指摘するように、その会社でしか通用しないような「企業特殊性」の高いスキル（特殊的人的資本）を労働者が身につけたとしても、労働市場での価値は高まらない。そのスキルは、その会社での仕事のために身につけるものであり、例えば転職の際などには評価されづらい。したがってそうしたスキルを身につけるためのコストを労働者が負担するのは非合理的で、企業側がそのスキル形成の機会を提供することになる。

この特殊的人的資本の反対が、どの企業でも活かせるような汎用的なスキル（一般的人的資本）である。こうしたスキルは労働市場での評価に直接結びつきやすい。企業の人材育成機能が弱まれば、労働者は自ら能力開発に取り組まなければならなくなる。そうなると当然、労働者は一般的人的資本を開発するようになる。そして、身につけたスキルをもとに、転職を視野に入れながらよりよいキャリアを描いていくことが合理的な判断となっていく。新たなスキルを比較的習得しやすく、キャリア展望がひらけている若者の方が、より強く一般的人的資本を求めるだろう。このように、企業が長期的な人材育成を担いづらくなっていることも、若者の自律的キャリア化を促進し、転職を促す一因だと言える。ちなみに、自律的キャリア化とは、前項で紹介した自律的キャリア観を持ち始めること、あるいはそれに該当するキャリアを歩み始めることを本書では指す。

4　なぜ社会は若者に転職を望むのか

†キャリア観が変容した背景

ではなぜ、労働者のキャリア観は変容したのだろうか。背景にある企業や社会の変化にも目を向けてみたい。

伝統的キャリアから自律的キャリアへとキャリア観が移り変わってきた背景には、キャリア環境の変化があると述べた。そのキャリア環境の具体的な変化と、それに関わる企業経営のシフトをうかがい知れるのが、日本経営者団体連盟（現・日本経団連、以後日経連）の『新時代の「日本的経営」』（1995）である。そこには、従来型の雇用保障が困難であるということと、今後は社員の「個性尊重・自己実現」を重視していく、という企業経営者の見解が明確に示されている。

内容は以下の4点にまとめられる。

①個人の努力に報いることを目的としない終身雇用や年功序列といった「集団主義」的労働慣行によってサラリーマン、特にホワイトカラーは会社に対する不満をつのらせ、生産性が上がっていない。②厳しい環境を生き残り、社員の「自己実現」や「個性の発揮」を引き出すべく、各社員の能力を存分に発揮できる能力主義・業績主義を採用する。③能力が発揮されなかった場合には、社員の能力ではなく、職場が求める能力と社員の能力のずれという「雇用のミスマッチ」に原因があると考える。④「個性尊重・自己実現」の視点からは、能力や適性が合わない環境での仕事はふさわしくないため、企業をこえた横断的な労働市場を形成し、人材の流動化を図らなければならない。

このように組織に依存するような従来のキャリアではなく、個人の視点に立った自律的なキャリアが求められるということが、日経連によって示されたのである。

さらにキャリア環境を大きく変容させた出来事として、1999年の法改正による民間職業紹介の自由化（以後改正職安法）があげられる。この改正職安法のベースとなった中央職業安定審議会による1999年3月の「職業紹介事業等に関する法制度の整備について」と題する建議からは、キャリア環境の変容の背景が分かる。「Ⅰ．基本的考え方」を要約すると次のとおりである。

「産業構造の変化やグローバリゼーション、急激な少子・高齢化などによって、即戦力となる人材の迅速な採用や臨時的・短期的な労働力確保の必要性の増大といった労働力需要側ニーズの変化がおこっている。そしてリストラ等により転職を余儀なくされる労働者、専門的な知識、能力を発揮できる仕事を求める労働者、ライフスタイルに合った働き方を求める労働者の増加といった労働力供給側のニーズの変化も起こっている。こうした労働力需給双方のニーズの変化に対処し、労働者の雇用の安定を図っていくために、労働力需給のミスマッチを解消し、失業期間を短縮させる必要がある。そこで「公正かつ効率的でセーフティネットを備えた労働力需給調整機能の整備」を図るという社会的要請に応えて施行されたのが改正職安法である」

つまり、当時の社会情勢の変化により企業と労働者に既に存在しつつあったニーズに適応する形で生まれたとされるのが、改正職安法なのである。

こうした資料から、産業構造の変化やグローバリゼーションといった社会の変化によって、経営や人事制度、採用戦略を改めることが企業に求められ、そうした変化が個人のキャリア観に影響を与えていったと考えられる。

†社会が応援する自律的キャリア

また1990年代以降、特に2000年代に入ってからは、自律的キャリア形成を促進するような取り組みが国や社会全体によって行われている。川崎昌・高橋武則（2015）はその経緯を表1のようにまとめている。

この表からは、国、経済界、そして企業もその規模にかかわらず、労働者の自律的キャリア形成を促進しようとしてきたことがうかがえる。例えば柳井修（2001）は、職務再設計（Job redesign）と呼ばれる、自己実現の欲求や働きがいなどを重視した職務設計が企業内で強調され、労働者本人の内発的な動機づけによる職務満足度の向上が行われはじめたことを明らかにしているが、こうした企業の動きも労働者の自律的キャリア化を促進していると言えるだろう。

さらに、転職支援の機能を担うことで、人材の流動化を促進している企業もある。求人広告業・職業紹介業・労働者派遣業・請負業などといった、いわゆる人材サービス業だ。改正職安法施行から10年以上が経ち、法改正によって拡大したこの業界には今日さらなる積極的な役割が求められている（佐藤・大木編２０１４）。衰退産業から成長産業への人材移動、労働力過剰企業から不足企業への人材移動、事業構造やビジネスモデルの持続的な変革のための人材移動といったことを目的に、転職を促進し、人材を企業間で流動化させることが求められているのである。

また、企業の置かれている状況が変化したことは、前節で紹介した、労働者が長期就労することの合理性が低下したことの後押しにもなっている。企業は、若い労働者を採用し、長く働き続けてもらうことで、育成という「投資」に対する、長期的な回収を望んできた。しかし既に述べたとおり、企業経営のパフォーマンスを評価するスパンが短期化し、長期スパンで人材への投資と回収を計画することはどんどん難しくなっている。多くの企業から経済的時間的余裕が失われ始めたことの背景には、企業の経営状況の不振や経済成長の鈍化がある。「うちの会社はちゃんと人材育成をしている！」と思われる方はいらっしゃるだろうし、すべての会社からそうした余裕が失われているわけではない。しかし新卒採

表1　日本における自律的キャリア形成支援の歴史

時代名称	年代	キーワード
「キャリア自律」「自律的キャリア」概念の発祥	1990年代	キャリア自律、自律的キャリア
経済界による推進	1999年	エンプロイアビリティ（従業員の雇用されうる能力）
研究者による推進	2001年8月	自律的キャリア形成支援（大企業での実証研究開始）
大企業による推進	2002年4月	
国による推進	2002年7月	個人主体のキャリア形成
社会全体による推進	2006年6月	個人と組織の調和
	2009年	中小企業のキャリア形成支援（助成金等の支援策拡充）
	2011年	キャリア健診調査研究事業
	2012年3月	キャリア形成支援の活性化対策（表彰事業開始）

出典：川﨑・高橋（2015）一部修正

用で「即戦力人材を求める」と多くの企業が謳っていることが、なにより企業が丹念に人材を育成することが難しくなっていることを表しているだろう。そうした状況も、労働者のキャリア観の変容に影響している。

ここまで見てきたとおり、最初に就職した会社で定年まで働くようなキャリアではなく、企業や産業の壁を越えて、その時その時に必要な場所で必要なスキルを獲得し、活躍し、経済活動に寄与するようなキャリアを歩むことを、社会全体が求め始めているのである。そしてそれは、もうすでに10年以上同じ会社で働き続け、キャリア観が固定化されている中堅以上の社員にではなく、これから自分のキャリアを考えていこうとする若者に対してこそ、求められているのである。

†教育界で重視され始めた「キャリアプランニング能力」

そして、社会が若者に自律的キャリア形成を求めていることが最も顕著に表れているのが、教育の分野である。2011年の中央教育審議会による「今後の学校におけるキャリア教育・職業教育の在り方について」の答申を見てみよう。

この答申における、「社会的・職業的自立、学校から社会・職業への円滑な移行に必要な力」の中の、基礎的・汎用的能力には、「人間関係形成・社会形成能力」、「自己理解・自己管理能力」、「課題対応能力」に加え、「キャリアプランニング能力」という能力が掲げられている。

「キャリアプランニング能力」とは、「働くこと」の意義を理解し、自らが果たすべき立場や役割との関連を踏まえて「働くこと」を位置付け、自ら主体的に判断してキャリアを形成していく力である（中央教育審議会2011）。つまり、自律的にキャリアを形成していく能力の育成が、教育の領域においても明確に意図されるようになっているのである。

労働力の需要側である企業、産業界から人材の流動化に対するニーズが高まり、それに呼応するように人材育成の役割を担う教育界も、自律的なキャリアを形成することのできる人材を育成しようとしはじめたことがわかる。

このように、1990年代以降政策や企業経営において大きな変化がみられる。そうした変化の後に人生に歩み入った「ゆとり世代」の若者にとっては、変化後の社会が「当たり前」の社会となる。次章以降で紹介してゆくインタビュー調査の対象者は、1986年生まれ（29歳）～1992年生まれ（23歳）の20代（調査当時）。[*8] 日経連が『新時代の「日本的経営」』を発表した1995年当時、彼らはまだ10歳に満たない。彼らの多くが将来に思いを馳せるころ、すでに社会から人材に対して自律的なキャリア形成が求められ始めていた。また29歳の方が本格的にキャリアを検討し、就職先を決定する大学3年生を迎えた2006年は、社会全体からも自律的キャリア形成の支援が始まりだした時期である（表1参照）。

つまり彼らは変化後の社会を「当たり前」として生きてきた世代である。そんな時代を生きるなかで、彼らはキャリア観を形成していった。そして、若者のキャリアは多様化し、若年層の転職者は増加しているのである。

5　若者の転職者3つのパターン

†考えるべき問い

社会や就労環境が大きく変化する中で、転職をする若者や自律的キャリアを歩もうとする若者が増えている。そうした若者が増え、彼らのキャリアが不安定化すれば、社会に問題が生まれていく可能性がある。

では、転職によって彼らのキャリアは不安定化するのだろうか。確かに、驚くような大企業が海外の企業に吸収合併されたり、経営不振となったりする今日において、就職した企業で働き続けることがキャリアの安定を保証することにはならない。しかしだからといって、一つの企業で働き続け〝ない〟キャリアが安定しているというわけでもないだろう。考えなければいけないのは、転職を経験した若者がその後どのようにキャリアを歩んでいくのかということである。

しかし、第2節で取り上げた大学生の転職に対する意識や、第3節で取り上げた若者のキャリア観の変容を踏まえると、これまでのキャリア環境やキャリア観を前提にしていては、いまの若者の転職やその後のキャリアを理解することはできそうもない。

転職を経験した若者たちがこれからどういったキャリアを歩んでいくのかという問いに答えるためには、当事者である彼らのこれまでのキャリアを具体的に分析し、彼らがいまなにを考え、これからどう生きていこうとしているのかを、改めてつぶさに検討していく必要がある。

筆者はそのために、大学卒業後に入社した企業から、すでに転職を遂げた若者15名にインタビューを行った。これが、本書の一つ目の調査であり、彼らの行く末をうかがい知るための重要なデータとなる。なお今回データを分析するために用いたTEM（複線径路・等至性モデル：Trajectory Equifinality Model:TEM）という手法においては9人前後を分析対象とすることで径路の類型が把握でき、16人前後でさらに新たな発見があるとされている（安田・サトウ編著2012）。またインタビュー調査のような質的調査法では、それ以上分析対象を増やしても新たな発見がない状態（理論的飽和）まで調査することが一つの目安とされる。本調査では12人のインタビューを行った時点から転職への歩みやキャリアに対する考え方に関して、それ以前のインタビュイーの語りと類似した内容が増え、新たな発見がなくなっていった。そこで今回は15人をインタビュー対象人数とした。

†働くことに対する意義づけとは

TEMという手法は、人生径路の多様性・複雑性や人間の変容を、社会との関係で捉える分析手法であり（荒川・安田・サトウ2012）、今回の調査、分析にも適した手法である。

この手法では、調査対象者の経験を、時間軸を横軸にした図（TEM図）におとしこむことで分析をすすめていく。具体的には、大学在学時から、就職活動期、内定者期、入社初期、転職活動期、転職後という時期区分を設定し、その時々の就労に対する意識や意欲、満足、不満足という観点で、彼らのキャリアを観察していった。

この意識の変化のなかで特に重視したのが「働くことに対してどのような意義づけをしているのか」ということである。それは、言い換えると「働く理由」であったり、「仕事を通して実現したい希望」とも言えるものである。転職者のパターンを紹介していく前に、これについて説明をしておきたい。

重要なポイントは、「働くことに対する意義づけ」は、必ずしも仕事内容に関連してなされる場合ばかりではないということである。働くことの意義には、生きるためのお金を得ること、穏やかな職場環境で安寧を得ること、昇進や権限の獲得、技術の向上などを通して自己肯定感を得ることなど、様々なものが考えられるだろう。本書でも「働くことに対する意義づけ」をそうした多様なものとして捉えている。ちなみに1990年7月に日本経済新聞社と日経産業消費研究所が新入社員を対象に実施した調査をもとに、新入社員の働くことに対する意識を渡辺聰子《さとこ》（1994）が分類しているが、その分類からも、働くことに対する意義づけは多様なものであることがわかる。

また、働くことの意義は、環境や意識によって常に変化する可能性があるだろう。さらに、どのような意義づけをして働いているのかということを自覚している者もいれば、そうでない者もいるだろう。複合的なものである可能性も高い。そのため本書では、対象者の意思決定や感情の変化に注目し、その要因となっている「働くことに対する意義づけ」を重視した。

†3つのパターン

「若者の転職者」と言っても、一括りで語れるわけではない。本章の最後に、若者の転職者には大まかにどういったパターンがあるのかを確認しておきたい。

インタビュー対象者のキャリアを分析するなかで、若者の転職者は3つのパターンにわけられることがわかった。そしてそれぞれのパターンを、〈意識高い系〉、〈ここではないどこかへ系〉、〈伝統的キャリア系〉と名付けた。簡単にそれぞれのパターンを説明し、第2章、第3章の具体的な解説につなぎたい。

まずは〈意識高い系〉である。このパターンは、自分にとっての働く意義を明確に認識し、仕事を通して実現したいことをはっきりと考え、そのために転職をしていたパターンである。「キャリアアップを目指す」、「やりたい仕事に就く」、「仕事のやりがいが重要」、そういった意識を持って仕事に取り組み、仕事の内容を通して実現したい希望が満たされるか否かに、就労の満足度を判断する基準が置かれる。第3節で紹介した自律的キャリアのなかの、「自己実現のための自律」を求めるパターンと言える。彼らについては第2章で詳しく紹介したい。

二つ目のパターンが〈ここではないどこかへ系〉である。このパターンの若者は、働くことの意義が意思決定のたびに移り変わりながらキャリアを形成していたパターンである。彼らは、第3節で紹介した自律的キャリアのなかの「変化に対する適応としての自律」に該当する。「変化への適応」と「ここではないどこかへ」というネーミングには一見ズレがあるように感じられるかもしれないが、その説明も後ほどしていきたい。このパターンについては第3章で取り上げる。

なお、この2つのパターンには実は共通する部分もある。それは2社目への転職後に、さらなる転職を視野に入れたキャリアを描いていたということである。

それに対して転職先で働き続けることを望んでいたのが、〈伝統的キャリア系〉である。このパターンは名前の通り、自律的キャリアと対比されるキャリアである伝統的キャリアを、転職先で歩もうとしていたパターンである。つまり所属企業、仕事内容は転職によってかわったものの、自律的キャリア化したわけではなく、「伝統的キャリアを実践する場をかえた」と捉えることができるのだ。彼らの転職へのプロセスは他のパターンとは異なる。他のパターンが、自ら転職先を模索していたのに対し、〈伝統的キャリア系〉は、彼らにとって初職よりもよい就労先と偶発的に出会い、その企業から誘われ、結果的に転職を遂げていた。

このパターンは、自律的キャリア化する若者を追いかける本書の主な分析対象からは外れることとなる。

インタビュー対象者と各パターンを一覧化した表が表2である。

前職	転職先		パターン
職種	業態（従業員規模）	職種	
コンサルタント	大手広告業者（2,000名）	事業企画	意識高い系（在学時意識高い系）
営業	大手外資系総合金融サービス企業（1,300名）	管理	伝統的キャリア系
商品企画	大手広告代理店（3,000名）	営業	伝統的キャリア系
マーケター	外資系飲料メーカー／日本法人立上げ（10名）	マーケター	意識高い系（在学時意識高い系）
営業	板金プレス加工会社（30名）	経営企画・人事	意識高い系（初職入社後意識高い系）
店舗責任者	大手人材関連企業／契約社員（3,000名）	営業	ここではないどこかへ系
営業	web 広告会社／創設5年目（100名）	営業	ここではないどこかへ系
総合職	IT 系企業（500名）	IT 系エンジニア	意識高い系（在学時意識高い系）
営業	大手不動産会社（4,000名）	営業	意識高い系（初職入社後意識高い系）
店舗スタッフ・スタッフ管理	大手不動産会社（3,000名）	人事	意識高い系（転職後意識高い系）
営業→企画	外資系コンサルティングファーム（500名）	コンサルタント	意識高い系（転職後意識高い系）
営業	大手広告代理店／契約社員（3,000名）	営業	意識高い系（在学時意識高い系）
営業	ウェブ広告会社（50名以下）	営業	ここではないどこかへ系
営業	クリニック（200名）	医療事務	ここではないどこかへ系
販売	専門商社（500名）	営業事務	意識高い系（転職後意識高い系）

表2　インタビュー対象者一覧

	インタビュー時年齢	インタビュー時期	性別	出身大学グループ	転職時年齢（入社後何年目での転職か）	前職
						業態（従業員規模）
A氏	26歳	2014年11月26日	男性	Aグループ	25歳（4年目）	大手コンサルティングファーム（500名）
B氏	26歳	2014年12月24日	男性	Aグループ	25歳（4年目）	大手電気通信業者（5,000名）
C氏	26歳	2014年12月25日	男性	Aグループ	25歳（4年目）	大手信託銀行（約7,000名）
D氏	28歳	2014年12月28日	女性	Aグループ	26歳（5年目）	大手外資系化粧品メーカー（約2,000名）
E氏	26歳	2015年1月10日	男性	Bグループ	25歳（4年目）	大手工業系部品商社（約8,000名）
F氏	29歳	2015年1月7日	女性	Bグループ	27歳（5年目）	飲食系企業（約200名）
G氏	28歳	2014年12月28日	女性	Bグループ	27歳（5年目）	大手総合運送業者（約2,000名）
H氏	26歳	2015年1月10日	男性	Aグループ	24歳（2年目）	石材専門商社（約10名）
I氏	26歳	2015年1月28日	男性	Bグループ	24歳（2年目）	中規模不動産会社（約200名）
J氏	27歳	2015年3月17日	女性	Bグループ	26歳（1年3カ月）	セールスプロモーション・人材派遣業者（約1,000名）
K氏	29歳	2015年6月6日	男性	Bグループ	29歳（7年目）	大手電力会社（約30,000名）
L氏	27歳	2015年7月6日	男性	Aグループ	24歳（3年目）	広告会社（約100名）
M氏	27歳	2015年7月13日	男性	Bグループ	24歳（3年目）	広告会社（約100名）
N氏	27歳	2015年12月28日	女性	Bグループ	23歳（1年目）	大手アパレル企業（約4,000名）
O氏	27歳	2015年1月21日	女性	Bグループ	25歳（4年目）	大手ハウスメーカー（約5,000名）

※大学グループは、株式会社ベネッセコーポレーションの出している偏差値一覧（http://manabi.benesse.ne.jp/ap/daigaku/search/nanido/ 2015年11月1日閲覧）から各対象者の出身大学、学部の現在の偏差値を特定し、東京大学比較教育社会学コースが実施した社会科学分野の大学生向け調査で用いられた偏差値の分類に当てはめた。

改めて、本書で考えていきたいのは、転職を経験した若者たちがその後どのようにキャリアを歩んでいくのかということである。そのためにまず、若者の転職者が、それぞれどのようにキャリアを描き、転職し、そしていま、キャリアについてどのように考えているのかを分析していきたい。そしてもし、彼らのキャリアが不安定化しているのならば、それは何によって引き起こされているのか。さらに、それは社会にとってどんな意味を持っているのかを考えていきたい。

まずは〈意識高い系〉と〈ここではないどこかへ系〉の2つのパターンについて、転職に至るまでのキャリアの歩みを見ていく。

＊1 「ゆとり世代」に明確な定義はないが、2002年度に小中学校（高校は2003年度）に施行された学習指導要領による教育を受けた世代を、主に「ゆとり世代」と呼ぶ。

＊2 ここで使用したデータは、東京大学社会科学研究所付属社会調査・データアーカイブ研究センターSSJデータアーカイブから提供を受けた「ワーキングパーソン調査2000、2012」（リクルートワークス研究所）の個票データである。

＊3 首都圏（首都50キロメートル圏内）、関西（大阪30キロメートル圏内）、東海（名古屋30キロメ

ートル圏内）で正規社員・正規職員、契約社員・嘱託、派遣、パート・アルバイトとして就業している18～59歳の男女（2000年7月最終週に1日でも雇用されて就業した人）を対象に実施。標本抽出にはエリアサンプリングを用い、社員グループ（「正規社員・正規従業員」、「嘱託」、「人材派遣企業の派遣社員」）とパート・アルバイトグループ（「パート」「アルバイト」）に分け、性別・年齢5歳階級別に割り付けが行われた。調査方法は、訪問留め置き法が用いられ、回収サンプル数は、首都圏1万3221名（男性：9097名、女性：4124名）、関西2012名（男性：1379名、女性：633名）、東海2020名（男性：1386名、女性：634名）。調査の概要や調査票および単純集計については、東京大学社会科学研究所附属日属日本社会研究情報センターSSJデータアーカイブ（http://ssjda.iss.u-tokyo.ac.jp/gaiyo/0253g.html）を参照。

＊4　首都圏50キロメートル（東京都・神奈川県・千葉県・埼玉県）で、正規社員・正規職員、契約社員・嘱託、派遣、パート・アルバイト、もしくは業務委託として、2012年8月最終週に1日でも就業している18～59歳の男女（学生除く）を対象に実施。標本抽出は社員グループ（「正規社員・正規職員」）とパート・アルバイトグループ（「契約社員・嘱託」「人材派遣企業の派遣社員」「パート」「アルバイト」「業務委託」）に分け、性別・年齢5歳階級別・エリア別に割り付けを行っている。調査方法はインターネットモニター調査が用いられ、回収ケース9790名（男性：5631名、女性：4159名）。調査の概要や調査票および単純集計については、東京大学社会科学研究所附属日本社会研究情報センターSSJデータアーカイブ（http://ssjda.iss.u-tokyo.ac.jp/gaiyo/0870g.html）を参照。

＊5　2000年調査のデータは首都圏のみに限定して分析を行った。

＊6　「退職経験」という設問がなかったため、「〈初職〉現在もこの仕事を継続している」を非選択

とした者の割合。

＊7　母集団は、社会科学（ただし、福祉と二部・夜間は除外）に分類される全学部に所属している学生。全体の有効回収数は1886ケースであり、有効回収率は63・0％である。1年生については、それぞれ1131ケースと64・2％であり、4年生については、それぞれ755ケースと61・1％である。なおこのデータは東京大学教育学部で開講されている教育社会学調査実習という授業の一環として採取されたものである。データの利用にあたり、東京大学大学院教育学研究科の本田由紀先生から許可を得た。

＊8　「ゆとり世代」の最も狭義の範囲としては、1987年4月1日生まれ〜2004年4月1日生まれとされるが、明確な定義はない。本書ではキャリア環境の変容による影響を検討するために、1986年生まれの方までを調査対象に含んだ。

第2章
夢を追う〈意識高い系〉

1 「意識高い系」の意識と転職

「意識高い系」という言葉をご存知だろうか。自己アピールが激しすぎる就活生を揶揄するネットスラングとして生まれたこの言葉の後には（笑）や「w」というマークがつき、就活生に限らずその対象を揶揄する言葉として使われる。自己実現へのこだわり、過剰な自己演出、あきれるほどのポジティブ思考、自己啓発していることをアピールするといった特徴を持ち、「意識が高い人」とは異なるとされる。

第1章で分類した3つの分類のうち、〈意識高い系〉転職者は、こうした「意識高い系」と呼ばれる人たちと、意識やその他の点で共通点を持つ。本章では、彼らについて詳しく紹介したい。まず、彼らの転職において、「高い意識」がどのような働きをしているかを見ていこう。

†若手社会人の転職意向との関係

〈意識高い系〉転職者は、自律的キャリアのなかでも「自己実現のための自律」を望む若

表3　転職意向を従属変数にした二項ロジスティック回帰分析

対象 従属変数	20代、大卒、現在正社員 転職意向 回帰係数	オッズ比	有意確率
女性ダミー	.675	1.964	＊＊＊
年齢	.059	1.060	
文系ダミー	－.108	.897	
初職非正規ダミー	－.339	.712	
1000人以上（現所属企業規模）（ref.）	－	－	－
29人以下（現職従業員規模）ダミー	.564	1.758	＋
30人～299人（現所属企業規模）ダミー	.354	1.425	＋
300人～999人（現所属企業規模）ダミー	.622	1.862	＊＊
現職公務員ダミー	－.421	.657	
昨年の年収	.000	1.000	
営業・サービス・販売ダミー（ref.）	－	－	－
管理・事務職ダミー	－.474	.623	＋
技術職ダミー	－.362	.696	
専門職ダミー	.113	1.120	
その他・マニュアル職ダミー	－.601	.548	
転職経験ダミー	.166	1.181	
自己実現因子	.327	1.387	＋
人間関係重視因子	－.317	.728	＋
地位達成因子	.290	1.336	＊
経済的自立因子	－.097	.907	
現職満足度	－.468	.626	＊＊＊
成長実感	－.073	.930	
定数	3.925		＊＊
Nagelkerke 係数 モデル適合度 N 数	.325 p＝0.000 966		

＋：p<0.10、＊：p<0.05, ＊＊：p<0.01, ＊＊＊：p<0.001

者（38〜40頁参照）と言える。仕事を通して自己実現を求める意識と転職意向が相関しているということは、第1章でも取り上げた「ワーキングパーソン調査」の２０１０年版データ[*1]を用いて筆者が行った分析から確認できる。

具体的には、仕事観に関する質問の項目から「やりがいや達成感を味わうこと」、「新たな課題や困難な課題にチャレンジすること」、「自分の能力をフルに発揮すること」、「人間としての器を大きくするためのもの」、「社会との接点として自分の世界を広げるもの」、「できないことができるようになるためのもの」という項目を、因子分析という手法を用いて抽出し、組み合わせて作った「自己実現因子」という項目が、転職意向と正の相関を見せている。

つまり、仕事を通して自己実現を達成しようとする若手の社会人には、転職したいと思っている人が多いということである。

†大学生の転職許容意識との関係

また、こちらも第1章で触れた大学1年生と4年生を対象として東京大学比較教育社会学コースが実施した「社会科学分野の大学生向け調査」を分析したところ、自主性や積極性といった姿勢と転職を許容する意識にも相関が見られた。すなわち、「自主性」や「積極性」を持つ大学生には、転職してもよいと考えている大学生が多かったのだ。

具体的には、「授業とは関係なく興味を持ったことについて自主的に勉強する」、「難しい仕事にも積極的に挑戦していきたい」という項目と、4年生時における転職許容意識に正の相関が見られた。つまり、勉強や仕事に対して積極的に、自主的に取り組もうとする大学生のなかには、転職を許容するという考えを持っている大学生が多かったのである。

また仕事を選ぶ上でやりがいを重視するという意識と1年生時の転職許容意識にも、有意な正の相関が見られた。なお就活を終えた4年生時ではやりがい重視の意識と転職に対する意識とは、相関が見られなかった。これは、就職先が決まったばかりの4年生は、就職が決まった会社の仕事でまずはやりがいを得ることを望んでいるからと、考えられる。

「仕事は何よりもまず生きがいを与え、自己発展のプロセスとなるものでなければならない」という考え方を、渡辺聰子（1994）は自己実現至上主義と呼んだが、仕事にやりがいを求めるという意識は、仕事において自己実現を求める意識とも親和性が高い。

ここまで取り上げてきたデータから、仕事を通して自己実現を望む意識、あるいは高い主体性、積極性と、転職意欲の高さとの間には相関関係があることがわかる。そしてそう

来年4月以降の予定進路に対する満足度				−.126	.881	
就職活動の結果に満足している				−.130	.878	
4月以降進路非正規ダミー				.607	1.835	
1000人以上（内定先）(ref.)				−	−	−
29人以下（内定先）ダミー				1.102	3.009	
30-499人（内定先）ダミー				.380	1.462	
500-999人（内定先）ダミー				.348	1.416	
（定数）	− 5.256		＊＊	− 5.404		
Nagelkerke 係数	.068			.183		
モデル適合度	p = 0.000			p = 0.001		
N 数	992			341		

表4　転職許容意識を従属変数にした二項ロジスティック回帰分析

対象	1年生			4年生		
	回帰係数	オッズ比	有意確率	回帰係数	オッズ比	有意確率
年齢	.239	1.270	＊＊	.224	1.252	
女性ダミー	.018	1.018		.309	1.362	
大学ランク上位ダミー(ref.)	−	−	−	−	−	−
大学ランク中位ダミー	−.214	.808		−.033	.967	
大学ランク下位ダミー	−.026	.974		−.210	.810	
経営学部ダミー(ref.)	−	−	−	−	−	−
（総合）経営学部ダミー	−.663	.515		.513	1.670	
現代ビジネス学部ダミー	−.015	.985		.668	1.951	
法学部ダミー	−.473	.623	＊	−.366	.693	
社会学部ダミー	−.045	.956		−.033	.968	
（成績）A（優）以上の割合	−.021	.980		−.109	.897	＋
仕事に役立つ知識・技術を学ぶ授業受講ダミー	−.020	.981		−.023	.977	
進路や目標に対する自分の適性を診断する授業受講ダミー	.207	1.230		−.123	.885	
労働に関する学問（労働法・社会政策など）についての授業受講ダミー	.059	1.061		−1.032	.356	＊＊
大学で社会人や就職内定者の話を聞く機会があった	.060	1.061		−.080	.923	
(仕事を選ぶ上で重視するもの)仕事のやりがい	.422	1.524	＊＊	.154	1.166	
(仕事を選ぶ上で重視するもの)収入	−.091	.913		.528	1.696	＋
(仕事を選ぶ上で重視するもの)事業や雇用の安定性	−.407	.666	＊＊	−.464	.629	＋
授業とは関係なく興味を持ったことについて自主的に勉強する	.155	1.168	＋	.252	1.286	＋
難しい仕事にも積極的に挑戦していきたい	.022	1.022		.484	1.622	＊＊

した意識や姿勢は、「意識高い系」の特徴とも重なる。すなわち、「意識高い系」が持つような意識と転職意欲は、密接につながっていると言えるのだ。

それでは次節より、具体的に彼らのキャリアを見ていきたい。

2 〈意識高い系〉の転職

†きっかけによって異なる3つのパターン

〈意識高い系〉に分類した転職者も、自律的キャリア化した時期によって3つのパターンに分かれる。それはすなわち、〈意識高い系〉となったきっかけが異なるということを意味している。詳しくは第4章で紹介するが、このきっかけが、彼らのキャリアを理解するために非常に重要なのである。

自律的キャリア化する時期には、大学在学時、新卒就職時、転職時の3つのタイミングがあった。

同じ〈意識高い系〉でも、大学在学中、つまり就労前の意識を見てみると、彼らの中に

2つのパターンが存在することがわかる。「キャリアとは会社に依存するものではなく自律的に歩むもの」と明確に考えていたパターンと、入りたい会社については検討していたが入った後どのようにキャリアを歩んでいくかについては特に考えていなかった、というパターンである。在学中からキャリアを検討していたパターンの人は、大学在学時を振り返り、当時のキャリアに対する考えをこのように語る。

「武器を持たないと、と強く思っていた。終身雇用が普通って考えは微塵もなかった」（A氏）

彼らは大学在学時から既に、新卒で入社する会社で勤め上げることができる、あるいは勤め上げたいとは思っていない。その代わり自分の希望や資質を元に、自らの意思でキャリアを主体的に描いていこうと考えている。つまり就労前から自律的キャリア化していたのである。そうしたパターンを〈在学時意識高い系〉と呼びたい。

では残りのパターンはどうだろうか。〈在学時意識高い系〉は、就職活動の頃から思い描いていたキャリアを実現するために転職をしていくわけだが、その他のパターンは、最初に就職した会社で芽生えた不満や希望を理由に転職していた。そしてこの不満や希望を判断する軸となる「働くことの意義」が自分の中に芽生えるタイミングによって、残りのパターンも2つに分かれる。

一つ目は、初職で働き始めたことで働くことに対して意義づけがなされたパターンである。彼らは、初職との出会いによって起こった意識の変化をこのように語った。

「それまではこの会社（合格をもらえなかった大手企業）の名刺が欲しいなっていうのだったのが、この会社（入社した会社）でこれをしたいって思ったの」（E氏）

初職と出会ったことで、自身の中で働くことの意義が明確になったのである。そして、仕事を通して実現したいことが果たせなくなり、働くことの意義が感じられなくなり始めた時、転職を決断していた。彼らは、初職との出会いによって自律的キャリア化したといえるだろう。彼らを〈初職入社後意識高い系〉と呼びたい。

二つ目が、転職活動を経て自律的キャリア化した類型である。これまで紹介した2つのパターンの転職理由が、働くことの意義や希望を満たすため、という次のステップへの積極的な理由だとしたら、このパターンは所属している企業への不満という消極的な思いが強い理由となっている。しかし彼らは、転職活動のなかで働くことの意義を再度検討し、それを強く感じられる仕事に就くべく、最終的に転職先を決断していた。彼らは自身の転職経験をこのように語る。

「せっかく転職して、そこからまた一年そこらで離職してしまうことのほうが危険だなと思って、今回は自分にウソをつかずに転職活動しようと思ってやりました」（J氏）

彼らを〈転職後意識高い系〉と呼ぶ。

後に紹介した2つの類型は、初職に就職するタイミングでは転職することを想定していなかった。しかし、1回目の転職後、明らかにその後の転職へのハードルが下がっていた。そういった点からも、彼らが初職との出会いや転職活動の中で自律的キャリア化したことが読み取れるだろう。

ここから、インタビュー調査の分析に戻り、〈在学時意識高い系〉、〈初職入社後意識高い系〉、〈転職後意識高い系〉それぞれの、キャリアの歩みを細かく見ていく。

✝夢を描く大学生

まずは〈在学時意識高い系〉である。調査では4名がこのパターンに該当した。すでに紹介したとおり、就職活動中から、仕事で実現したい希望や将来的なキャリアプランを明確に持っていたのが〈在学時意識高い系〉である。

例えば彼らが在学中に描いていたキャリアプランは次のようなものだった。

「コンサルで5年やって地力をつけて、30（歳）までに次のステップにいく。次のステップは、事業会社の経営企画か大学院にいって、特定の分野で、頑張らなくても生きていけるスペシャリティを身につける」（A氏）

「3年で転職したい。あとソーシャルビジネスやNPOでゆくゆくは働きたいって思ってた。マーケティングや伝える仕事はずっとしたいってのも思ってた」（D氏）

彼らの経歴における特徴として、銘柄大学出身が多いことがあげられる。初職の就職先は、2名が大手かつ有名企業、他の2名は企業規模も大きくなく、有名企業というわけでもない。後者2名は、「行きたかった会社」は他にあったがその会社へは行けなかったのだ（H、L）。しかしキャリアプランを元に、再度入りたい企業を検討し、企業規模が大きいことや知名度が高いことなどの条件を緩和し、描いていたキャリアプランにつながる就職先の内定を勝ち取った。

〈在学時意識高い系〉は、1社目での就労に対して強い不満を感じない場合が多い。その理由として最も重要なのが、自身がその会社に入社した目的や理由を自身の言葉で語れる状態で入社しているということである。新入社員が抱く入社する企業への期待と、入社後の実態のギャップは「リアリティショック」と呼ばれ、昨今広がっていると言われている

（豊田2010）。しかし〈在学時意識高い系〉は、リアリティショックに苦しむような状況になりづらいようであった。それは、リアリティショックによって苦しむ若者たち以上に、就職後の仕事や働き方と、自分自身の希望についてリアリティを持って検討していたからである。例えば、面接で語る「やりたいこと」がすぐに叶うわけではないということも理解し、さらにその先の展望までも描いて就職していたのである。

もちろん、不満が一切ない者ばかりではない。しかしそうした不満と転職意識との関連はあまり見られなかった。もともと明確なキャリアプランがあり、そのなかで転職も予定するなど、自律的にキャリアを描いていく覚悟を持っているため、「会社と合わなかったとしても得るものだけ得て次のステップに進めばよい」（A氏）と考えている者が多かった。自身が叶えたい希望とは関係ない不満に対して「些末なこと」、と考えられることが、彼らの一つの特徴だと言える。

転職するタイミングは、年齢や任される仕事などを基準に、入社前からある程度決めている場合もあれば、入社後に検討している場合もあった。入社後に検討している場合は、培うことができるスキルの度合いや、今後任され得る仕事の魅力を、先輩などを見ながら想像し、検討していた。

そしていずれも、自分にとってより魅力的な転職先が見つかってから、転職の決断をしていた。また彼ら4人は、全員が人材紹介会社を使って転職していた。第1章で見た通り、プル要因（もっといい仕事があったから）の転職であることがこの転職手段につながっていると言える。

彼らのもう一つの特徴として、労働環境や給与ではなく、仕事の内容を重視していたことがあげられる。そして仕事の中身を通して実現したい希望を持っていた。そのため転職先も、初職と同業界あるいは同職種であったり、異業種だとしても、前職での仕事との関連性を当人なりに見出し、つながりのある仕事を経験することを求めていた。そうした転職によって、ビジネスパーソンとしての価値を高めることを望んでいたのだ。

転職による収入の増減はそれぞれだったが、転職後数年で前職を超える収入を得られる展望を持っていたり、任される仕事内容やスキルアップを重視し、収入に対する執着がなかったりするなど、収入が減額となってもそれ自体にネガティブな感情を持っている者はいなかった。

将来のキャリアについては、人材としての価値をさらに向上させることや希望をより実現させるために、さらなる転職を視野に入れていた。そして4人全員が、インタビュー後実際に3社目への転職を遂げた。2社目への在職期間は全員3年未満。2社目で求めていた経験が積めたことで、新たな活躍の場を求めたことがうかがえる。

彼らの転職ストーリーを聞いていると、「転職の成功者」という言葉が頭に浮かんでくる。学生時代に「意識高い系」と実際に呼ばれていたかはわからないが、高い意識を持って学生時代から自分のキャリアを検討し、就職後も自身のキャリアと意識高く向き合い続けてきたことが、〈在学時意識高い系〉の就労生活を充実させていると言えるだろう。

ちなみに、大学在学中、転職を視野に入れたキャリアを志向していた者の中には、就職活動の結果が希望通りにならなかったことでキャリアプランをリセットし、明確な展望を描くことなく就職することになる者もいた。その場合、就職前に抱いた高い意識のままキャリアを歩み始めるわけではないので、〈在学時意識高い系〉からは外した（F）。

†初職との出会いで芽生えた希望

次は〈初職入社後意識高い系〉だ。この類型に分類した2名（E、I）の属性としては、出身大学の偏差値はどちらも高くはなく、初職はEが大企業、Iは従業員200名程度の企業である。彼らは、大卒で入社した企業での就労中にある希望を抱き、それが満たされなくなったことで、転職を決意していた。そしてその不満が解消される、あるいは希望が満たせる企業に転職を遂げていた。さらに、その後の就労に関する満足、不満足の判断基準は、前職で抱いた希望が満たされているかに置かれるようになっていた。そうした意味で、初職で芽生えた希望を満たすことが、彼らにとって重要な働くことの意義になったと言える。それぞれについて詳しく見ていきたい。

E氏の就職活動における当初の希望は、知名度の高い会社へ入社することだった。「一部上場・上場・非上場」という基準を重視し、「とりあえず僕はあなたの一部上場企業の名刺が欲しいんです」という思いで熱心に就職活動をしていたが、志望企業群には内定を得られない日々を送った。その後、知名度の高い企業や大企業以外への応募も検討していくなかで、たまたま就活サイト上の会社説明会の日程検索でヒットした企業の説明会に行き、選考を受け、入社を決めることとなる。彼はその会社で、「中小企業を支援する」という希望を抱くようになっていった。

「大手もベンチャーもダメだったのはここにくるためだったんだ。で、それまではこの会社の名刺が欲しいなっていうのだったのが、この会社でこれをしたいって思ったの。中小企業を元気にしたいっていう」（E氏）

しかし、就職後、E氏は転職を決意する。その理由を次のように語った。

「ここにいたら僕がやりたいことはできないんだろうなって思って。通販っていう枠が決まっててオペレーション決まってて、この中じゃやりたいことってできないんだろうなって。中小企業をよくしようって」（E氏）

そこから大学時代にインターンをした会社を思い出し、社長に直談判し、転職を遂げる。今もその会社で「中小企業を元気にする」ことを目指して働いている。そして今後に関しては、「（他の企業が自社を見て）この会社を目指したい、っていうモデルを作りたい」と思う一方で、「（この会社に居続けたいという）固執はしないかなって」、「仕掛けていけるようなことをし続けたい」と語り、さらなる転職も視野に入れている。

一方I氏は就職活動の開始時期が遅れたこともあり、大学時代にはそれほど真剣に就職について考えていなかった。商社への興味はあったが、最終的には「（知名度順で）まぁ上から受けたいなって思って上から受けた」という発言や、「うーん、でも親孝行って意味では（一番重視していたのは）知名度かな」といった言葉からもわかる通り、会社の知名度を最優先に考えていた。就職活動を経て、専門商社からの内定をもらうが、入社を決めずに細々と就職活動を続けるなかで、彼は友人から不動産会社を勧められる。そして不動産業界なら高収入が得られるという可能性を感じ、不動産業界のなかの知名度の高い企業を受け始める。その結果内定を獲得し、不動産会社への入社を決める。それからI氏は不動産業界で働くことに魅力を感じていくことになる。

しかしI氏は就労後、労働環境の厳しさにより転職意欲を高めていく。最終的な退職は企業側都合の部分もあるが、就労中は「3年やったら絶対転職しようと思ってた」と語っており、転職の意思はあったがタイミングが予定よりも早くなった、ということであった。

I氏が感じた労働環境への不満は、業界の働き方に起因するもので、同業界に転職してもその厳しさは緩和されないことを彼は認識していた。しかしI氏は、同業界の企業へと転職した。

転職活動の際に、「不動産業界はもう嫌だとならなかったのか」、「不動産会社への就職を後悔しなかったのか」という筆者からの質問に対して、次のような回答が返ってきた。

「いやいやいや、不動産は勉強になるから。たくさん勉強して損はないから。いやでも不動産はすごい好きだからねぇ」(I氏)

不動産業界で学べることの価値が、彼にとっては転職先を選ぶ上で重要なポイントとなっていたのである。そしてI氏は現在、初職と同業界の企業で就労しているが、「より結果が出せそうな（同業界の）会社」へのさらなる転職も視野に入れている。

大学生時代の就職活動は対照的なE氏とI氏だが、大企業や有名企業を希望していたことは共通している。それが就職後共に一変し、働きたい企業を当初とは異なる基準で選ぶようになる。

彼らの「働くことに対する意義づけ」の種は、大学時代からあった可能性が高い。E氏は中小企業でインターンをし、I氏は高収入を得ることへの意欲から株や投資に興味を抱いていた。だが入社した企業と出会うまでは、そうした関心は就職活動につながっていなかった。しかし「初職との偶発的な出会い」によって再度大学時代の興味に立ち戻り、そこから働くことに対する意義を新たに見出していった。

もし希望通り「大手」や「有名企業」に就職して就職活動を終えていたら、2人とも入社した企業には出会わず、働くことに対する意義づけも今の形ではなされていない可能性が高い。

そして当初転職など微塵も考えていなかったにもかかわらず、初職で芽生えた希望のために転職し、その後はさらなる転職を視野に入れた自律的キャリアを描いている。こうした転職意欲やキャリアプランも、入社した会社と出会わなければ芽生えなかっただろう。

このように〈初職入社後意識高い系〉は企業との偶然の出会いによって働くことの意義を改めて検討し、その結果キャリアに対する考え方までも変容していったのである。

†転職活動によるシフト

最後に〈転職後意識高い系〉について見ていこう。この類型の3名は、転職活動のタイミングで働く意義や、仕事を通して実現したいことを改めて検討している。この類型の出身大学の偏差値は総じて高くはない。そして就職した企業規模にはばらつきがある。

前節で見た〈初職入社後意識高い系〉と同様、彼らも就職時に転職は視野に入っていなかった。しかし、初職に対する不満によって転職を決意する。そして転職活動のなかで、自分にとっての働く意義について改めて検討し、それをもとに転職をしていた。

彼らからは次のような語りがあった。

「営業販売はもう無理だからやめようって思いました。で、そしたら事務かって思ったんですけどここ（前職）で事務をやったこともない、スキルもない。しかも中途で（未経験の職種）受けに行くのは厳しいだろうって思ったんですけど。でもせっかく転職して、そこからまた1年そこらで離職してしまうことのほうが危険だなと思って、今回は自分にウ

ソをつかずに転職活動しようと思ってやりました」（J氏）

J氏は、初職での「販売職という仕事の内容」に不満を感じ、「それ以外（の職種）で転職しやすいところ」という条件で転職先を模索し始め、当初は事務職を検討していた。しかし転職活動を機に、自分がやりたいこと、自分が大事にしたいことを考え直したと語った。その結果、働きやすさは重視しながらも、前職の同僚が悩んでいた、労働環境の問題に自分が関心を抱いていることに気づき、人事労務職としての転職を遂げた。

K氏は、初職の経営方針への疑問から転職を決意したが、彼も転職活動の中で自身にとっての働く意義を考えなおしている。

「やっぱり一個人として自分が興味持ってなにかしらの価値を発揮して、社会で戦っている誰かがそれに対して喜んでくれるような、あるいはお客さんでもいいんですけど、誰か喜ばせることができるのかって考えた時に、10年間ここ（前職）にいてそういうスキルセットとか身につくのかって考えた時に、ちょっと厳しいだろうなっていう」（K氏）

K氏は、仕事を通して自己効力感を感じることと、スキルを向上させることに対して高い意欲があることに、転職活動のなかで気づく。そしてインフラ業界の大手企業から、コンサルティング会社にコンサルタントとして転職した。

O氏は、それまでばりばりの営業職として働いてきた女性である。しかしながら労働環境の厳しさから退職を決意する。そういった背景もあり、転職活動当初は「残業がなく早く帰れる会社」を探していた。だが転職活動をするなかで、プライベートを充実させながら長く働くことができる仕事がしたいと前向きに考え始める。そしてそのために、自分のような女性が働きやすい職場や、仕事のなかで自分の興味が活かせる転職先を模索するようになっていった。

「すごい言われたのは、4年近く営業やってたのに営業事務でいいのって。で、一応言うんだけど、営業やってたんだけど、営業サポートとかもやってみたいって。営業の求めていることもわかりますし、みたいな。営業やってて、営業事務の存在があったから受注もできたし今度はサポートする側でやってみますって。でもぶっちゃけどうなの？　って言われて。で、ぶっちゃけますとって（笑）。すぐじゃないですけど、結婚とかもしたときに、長く勤めたいと思っているのでって。長く働きたいっていうのは事実だし、人事とかにも興味があるから、そういうチャンスがあったらやっていきたいと思うし。そこでキャリアアップしていきたいなって」（O氏）

こうして働く意義に向き合って転職を遂げた3人だが、実はすでに1人は3社目への転職を遂げ、2人もさらなる転職を視野に入れていた。

K氏は、転職前に想定していた仕事ができないということで、新たな転職先を模索し、3社目にて希望していた仕事に就いていた。転職活動の際に働く意義を再検討したとしても、転職活動中の転職先企業のイメージと実態が異なることで、転職先で引き続き不満を抱えることもあるのだ。しかしその場合も、転職活動の中で改めて働くことの意義を明確化しているため、さらなる転職先（3社目）を探すことは難しくないようだった。

またO氏は、自分にとって「働きやすい職場」の条件に経営体制という観点があることに2社目の就労の中で気づき、その条件も満たせるような企業があればさらなる転職の可能性もあると語っていた。J氏においても、「今やっていることが、次に転職となった時にも自信になる」と、さらなる転職の可能性も視野に入れていることがうかがえるコメントがあった。

1回目の転職活動は、大学時代の就職活動から数えれば2回目の職探しとなるが、状況はまったく異なる。筆者自身、大学生の就職活動を思い出すと、働いたことがないなかで志望動機や会社で実現したいことをちゃんと語れていたのか大きな不安があるが、就労経験を経た後は、そうした語りに圧倒的なリアリティが加わる。「転職活動では、できることにしろ、やりたいことにしろ、働いてみた経験と照らし合わせながら考えることができる」といった語りは多くのインタビュイーから聞かれた。またそのように等身大の自分で、「できること」や「希望」を語れることは、転職活動の面接においても効果的に機能しているようだった。それだけでなく、自身の実体験を踏まえて仕事やキャリアについて考える機会は、働くことにどのような意義づけをするか、ということを検討するためにも大きく機能していた。このように〈転職後意識高い系〉は、就労経験を経た上で職探しを行うことで、より納得感のある働く意義を模索し、それを実行できているようだった。

3 〈意識高い系〉の転職への懸念

†働くことへの高い意識

ここまで見てきた若者たちは、働くということに対して一様に真摯だ。キャリア形成に対する意識が高いと言えるかもしれない。

就労前から自分のキャリアについてよく考え、将来を見据えて準備をしてきた者、入社した会社で芽生えた希望に向き合って、それをさらに満たせる場所を探す者、不満がきっかけで始めた転職活動のなかで、よりポジティブな働く意義を紡ぎ出し、次のキャリアへと歩みを進めていく者。キャリアプランニング力の育成が教育界で始まったのは2011年だから、そのような教育を彼らが受けたわけではないが、彼らには働くことの意義を理解し、自ら主体的に判断してキャリアを形成していく力があるように思える。

†今と自分に一生懸命

一方でここまで読まれた方は、こうも思うかもしれない。「やりたいことだけやって、希望を追い求めて生きていこうなんて甘すぎる」と。「働いたこともないうちに描いたキャリアプランがいったいいかほどのものなのか」、「やりたいことをやるために職を移り続けて、立場や給料は安定するのか」、「長く一つの会社で働き続けることでわかる重要なことだってあるだろう」。また、「君のために労と時間を惜しまずいろいろと教えてくれた先輩や上司のことをどう思うのか」と。

「意識高い系」という言葉の流行に一役も二役も買ったであろう常見陽平氏は、まさに『「意識高い系」という病』という著書のなかで「彼らは幸せになれるのか？　意識が高い言動をしているだけでは年収は上がらない。仕事の満足度も上がらない。人から好かれるわけでもない」と言っている。彼らとはもちろん「意識高い系」のことだ。常見氏が取り上げている「意識高い系」と、ここまで紹介してきた転職者が完全に重なるというわけではないが、彼が憂えている不安には重なる部分があるだろう。

これまで見てきた若者たちのキャリアに、将来への保障は乏しい。主体性や積極性、あるいは自己実現への意欲は、それだけでは年収の向上や、仕事の満足度の向上にはつながらない。

一方就職した企業に居続ければ、彼らのスキルや成果を評価する物差しが社内にあり、その物差しに基づいて努力していくことができる。その努力は、社内での安定したポジションの獲得につながるだろう。社内のポストの数も、そのポストを争う相手の人数も、ある程度は見えている。いわゆる出世コースなんてものがあったり、ロールモデルが存在したりする。年功序列の賃金体系を緩やかにでも採用し続けられている日本の企業においては、在籍期間が長くなることで給料は上がるし、福利厚生も安定する。目の前に与えられる仕事もたくさんある。先行きが不透明な現代社会において、未来への確証がないことにかわりはないが、転職をしながらキャリアを形成する者に比べたら、一社に勤め続ける方が圧倒的に将来は描きやすい。

　それでも、彼らは転職を選ぶ。〈意識高い系〉の彼らの多くは、一昔前ならば転職する必要なんてない、安定したキャリアが予測できる会社で働いているにもかかわらず、「高い意識」のみに基づいて転職を決める。就職した会社で働き続けるキャリアを投げ出してまで踏み出した転職の先に、いったいどのようなキャリアが待っているのだろうか。それをこれから考えていきたい。しかしその前に次章では、「自律的キャリア」を構成するもう一つのパターンの若者たちの転職までのキャリアについて見ていきたい。

＊1　東京大学社会科学研究所付属社会調査・データアーカイブ研究センターSSJデータアーカイブから提供を受けた「ワーキングパーソン調査2010」（リクルートワークス研究所）の個票データである。調査対象母集団の要件は2012年調査と同様で、2010年8月最終週に1日でも就業した18～59歳の男女（学生除く）。ケース数は9931名（男性5753名、女性4178名）。実施期間は2010年9月16日～9月27日。割り付け、調査方法は2012年調査と同様。仕事観について詳細に調査されていたため2010年データを用いた。

第３章

漂流する〈ここではないどこかへ系〉

この章で取り上げるのは、〈ここではないどこかへ系〉の転職者たちである。ちなみに、〈ここではないどこかへ系〉というのは〈意識高い系〉とは違い、筆者の造語である。〈意識高い系〉は3つのパターンすべてが、一つの働くことに対する意義づけを軸にしてキャリアを歩んでいっていた。一方本章で紹介する〈ここではないどこかへ系〉の転職者は、なんらかの確固たる希望を実現するために転職を選択しているのではなく、その時嫌なこと、その時不満なことをその都度の判断で回避する、あるいは、今よりやりたいことを探し、それができるところへいく、そのために転職をする。「ここではないどこかへ」という言葉がよく似合うキャリア形成だ。

1　環境適応としての転職

†「ここではないどこかへ」

アメリカの小説家であり、スティーブ・ジョブズの実妹としても知られるモナ・シンプソンの代表作『Anywhere but Here』は、『ここではないどこかへ』という題名で200

0年に日本で出版された（映画版は「地上より何処かで」）。娘をハリウッドスターにして素敵な生活を手に入れることを夢に旅をする母アデルと、それに連れまわされる娘アンを中心に、ストーリーは展開される。アデルは、全くあてもないなか、住まいを転々とし、日々過ごしていく。常にその場所に満足せず、ささいな理由で新たな地へ移り住む姿は「ここではないどこかへ」という題名がよく似合っている。本章で取り上げる若者たちはアデルに似ている。「ここではないどこかへ」という気持ちを抱え、転職していくのだ。

「ここではないどこかへ」という気持ちは特別なものではない。多くの人にとって身に覚えのある感覚だろう。失言にバツの悪さを感じたり、プレッシャーのかかる場面を前に逃げ出したい気持ちになったりすることは誰にだってある。そんな気持ちをこらえてその場にとどまる場合もあれば、立ち去ってしまうこともある。ただ、もし逃げ出してしまったとしても、その決断が人生において取り返しのつかないことになることは、ほとんどない。

アデルと、ここで取り上げる若者たちに共通するのは、はたから見ると人生を左右するような大きな決断において、「ここではないどこかへ」という意思決定をしていることだ。

†キャリア環境の変化の有効活用

「ここではないどこかへ」という言葉にはややネガティブな印象がつきまとう。しかし「ここではないどこか」を探すキャリア形成のスタイルは、今日のキャリア環境を踏まえると、ポジティブなものとして捉えることもできる。「転職や流動的なキャリアを受け入れる意識が社会に芽生えたことを察知し、その変化に柔軟に対応しながら、自分が働きやすい環境を随時模索し、企業を移り歩いている」という捉え方だ。

所属している会社やポストに不満が芽生えたとき、その気持ちをどう扱うかは人それぞれである。また置かれている状況によって選びうる選択肢も大きく異なる。「はじめに」でとりあげたベテラン氏の言葉からもわかる通り、何年か前であれば、「ここではないどこかへ」行きたいという理由で転職する、なんていう選択肢はあり得なかっただろう。

しかし今は、第二新卒という言葉が一般的に使われるほど、若者に向けて開かれた転職の間口は広い。20代のための転職支援サービス「マイナビジョブ20's」では、第二新卒を「一般的に学校を卒業後、一度就職をしたが数年の内に離職し、転職活動をする若手求職者」と説明している。そしてマイナビが2016年1月12日〜2月12日に実施した、「マ

イナビ転職 中途採用状況調査 概要」では、今後1年間の第二新卒者の採用見通しを「積極的」と回答した企業の割合が62・2%（【本年よりも積極的】18・1%＋【本年と変わらず積極的】44・1%）であり、調査を開始した2012年の43・4%を大きく上回っていることを紹介している。

つまり、若者の転職を受け入れる、あるいは積極的に受け入れたいという企業は圧倒的に増えてきているのである。そうした状況が、「ここではないどこかへ」という思いを理由にした転職を実現させている部分もあるだろう。

こうした事実を前提にして本章を読み進めていただけたらと思う。

2 〈ここではないどこかへ系〉の転職

〈ここではないどこかへ系〉は、就労に対する希望、満足、不満足の要因がその時々のタイミングで変化する類型である。

彼らの出身大学の偏差値は総じて高くはない。そして初職の企業規模も対象者全体のなかでは大きくなかったり、労働環境が厳しいとされる業界である傾向がある。そして彼らは、新卒時の就職活動において、転職を視野に入れたキャリアを描いてはいなかった。

†転職意欲の沈静化

彼らのキャリア形成において特徴的なのが、転職意欲が芽生えたあとにそれが沈静化する時期があるということである。

〈在学時意識高い系〉、〈初職入社後意識高い系〉は、働くことの意義を感じづらくなったり、希望が満たされなくなったりすると、比較的すぐに転職の決断をしていた。それに対し〈ここではないどこかへ系〉は、転職意欲が芽生えても、様々な理由で転職を踏みとどまる姿が見られた〈なお転職前の〈転職後意識高い系〉でも転職意欲が低下する時期が見られた〉。これはどういうことだろうか。ここからは〈ここではないどこかへ系〉4名のキャリアを細かく見ていきたい。

F氏に退職の意思が最初に芽生えたのは、就職後2年目のことである。膨大な業務量と劣悪な労働環境、上司とのうまくいかない関係が原因だった。しかしF氏はその後3年間、労働環境の厳しさや業務量の多さは変わらないなかで、転職せずにその会社での就労を続ける。その時の心境の変化を次のように語っていた。

「前はもうどう考えてもスタッフという目線で働いていた。まさに意思がない状態で働いていたんだけど、次の店舗に行ったときに、ある程度こう、いろんなことを任せられるようになって、そうすると結構視点が変わって、自分の事しか見ていなかったのが、あ、店のこと見るんだって。その視点で人を喜ばせるっていう。前、店長とか料理長とかが言っていたことがわかってきたんだよね。それでまた楽しくなり始めたんだよね」（F氏）

F氏の抱えていた不満は、その業界や店舗スタッフという職種特有の労働環境によって発生していたものである。店舗の異動はあったものの、役職や立場がかわったわけでもない。変化したのはF氏の意識である。自らの意識を変化させることで、3年間という、F氏がこれまで歩んだキャリアの中では短いとは言えない期間を過ごしたのである。

またG氏も、「営業会社に入ったので、トップセールスになってやるみたいな。数字上げてっていう期待を抱いていた」と希望を持っていたが、「お給料があまりよくなくて」、「年功序列が強くて、いくら頑張っても役職もらえなかったりとか年収が上がらなかったりとか」と、所属企業への不満を募らせていった。「仕事も結構やりきっちゃった感があって、ちょっと飽きちゃったなって思って」といった言葉も聞かれた。こうした状況になったのが、入社後2年目である。そこから3年間、その状況が改善されない状態でG氏は就労を続ける。G氏はその間、「でも土日休みで遊べるようになったので、趣味に時間割くようになった」ということや、「ライブとかフェスとかに行くのが好きで、そういうのに行って発散して、遊ぶために働こう」と考えるなど、当初抱いていた仕事に対する希望とは別のことに目を向けることで、不満の解消を図っていた。

M氏は、いろんな業界について学ぶ機会があることやオフィスの洗練度、一緒に働く人の魅力などを理由に、初職への入社を決めていた。しかし、仕事を評価する基準に対する疑問と、他社であれば自身のスキルをもっと活かせるのではないかという考えを入社後1年半経った時点から持ち始める。しかし実際の転職は3年目の7月であり、不満をいだいてから1年近くその会社に所属し続けている。その理由として挙げられたのは、その企業のことが好きであるという気持ちだった。

このように〈ここではないどこかへ系〉は、抱いた不満が解消されなくても、入社時とは異なる形で仕事に対する意義づけをすることで、初職で就労し続ける姿が見られた。

彼らのこうした姿に対して、「そんなこと当たり前じゃないか!」と思う方は少なくないだろう。働く環境に対して、すべてが思い通りということはほとんどあり得ない。いいこともあれば嫌なこともある。その中で自分の気持ちに折り合いをつけながら、ポジティブな面を探し、働き続けるのも一つの就労のあり方だろう。

しかし最終的に彼らは、企業に対する不満の蓄積や、新たな不満が芽生えることで転職を決意する。そこが彼らのキャリア形成の興味深いポイントである。

†仕事に対する意義づけとともに職もかえる

ここで、まだ取り上げていないN氏についても見ておこう。N氏はF氏、G氏、M氏とは異なるキャリアを歩んでいる。転職を意識してから3か月ほどで転職し、1回目の転職先は1週間で退職。その後1か月ほど派遣社員として働き、現在は4社目の会社に勤務している。初職を選んだ理由は、「好きなものに囲まれて働きたい」ということ。転職の理由は「(会社での)目標がなかったこと」、「働くことは自立することだが、(給料が)結構きつかった」、「サービス残業が多かった」ということだった。そして1回目の転職では、「給料の面が先に来て、とりあえず給料が高いところ入ろう」と考えていた。その結果転職によって給料は上がったが、転職後すぐに労働環境の悪さに驚き、そこで「給料を第一に考えたけど社風ややりたいことも大切だ」と感じ、退職。そこからアパレル業界での派遣社員を挟み、自分の希望を再検討した後、さらなる転職をしている。

F氏、G氏、M氏が初職での就労のなかで様々に仕事に対する意義づけを変容させているのに対し、N氏は職もかえながら、仕事に対する意義づけを変容させていっている。そしてその後3年近く、4社目での就労を続けている。そこでは「好きなものに囲まれている」、「数字を追いかけることも楽しい」、「成約数1位になることを求めるのとか好きなんだなって」、「不満はあんまりないかな」と、非常に充実した日々を送っている。

しかしその一方で「今後転職する可能性は?」という筆者の質問に「(今後も)ずっとここで(働く)ってわけじゃない」と語っていた。

†転職前後でかわる意識

転職を決意した後の彼らの共通点は、一つの会社に所属し続けるという考えがなくなり、転職が非常に身近な選択肢になっていたということである。しかも第2章で取り上げた〈意識高い系〉のように、働く意義を確立し、その意義をより強く感じられる場を探し求めながらさらなる転職を模索するというわけではなく、その都度感じた不満を解消するための手段として、まさに、さらなる「ここではないどこか」を探すための手段として転職を捉えていた。そしてF氏、M氏も、実はすでに3社目への転職を遂げている。それぞれ

2社目の在籍期間は、F氏が2年半、M氏が2年間である。そしてそれぞれが2社目を退職した理由は、1社目を退職した理由や、2社目を転職先として選んだ理由とも異なる。

F氏の初職への不満は、労働時間の長さと労働環境への不満だった。その気持ちは仕事の面白さによって一度は沈静化されるが、結局退職を決めた理由は労働環境への不満と、人事制度への違和感だった。そして2社目の転職先を決定した理由は、その会社の人材の魅力だった。そして2社目への転職後、最初の頃は仕事内容に面白みを感じていたものの、「自分自身がこの仕事に向いていないんじゃないかって思った」ことで、次へのキャリアを考え始め、3社目への転職を遂げている。

M氏は、初職の評価基準に不満を感じて転職を考え始めるも、企業への愛着により転職を踏みとどまった。しかし、自分の経験とスキルが他の会社ではどう評価されるのか試したいという思いと、新たな専門性を身に着けたいという思いのもと、最終的に転職を決意する。そして自分のスキルが活かせる業界で、なおかつ新たなスキルを身に着けられる企業に転職した。しかし転職先では、評価基準には満足するも、経営方針や上司のマネジメント、育成に対する考え方に違和感を抱くようになる。そして結果的には幼少期から高校まで抱いていた興味により、教員免許を取得するべく、学校に通い始めた。

このように、キャリア形成における意思決定のたびに、彼らは仕事や労働環境において重要視するポイントが変化していたのである。

一方G氏は現在1回目の転職先で就労中である。G氏は、キャリアアドバイザー（求職者の相談や支援を行う職業、詳しくは第6章にて説明する）との出会いによって自分でも転職できるかもしれないという可能性を感じたことを、転職の直接的な要因として挙げていた。

G氏は初職入社当時、結果を出すことに意欲を燃やす一方で、休みの少なさや評価基準に不満を抱いていた。しかし働くこと以外の喜びのために働く、と自分に言い聞かせることで不満を沈下していた。そんな時にキャリアアドバイザーと出会い、転職を決意する。転職先に求めたのは、営業職、正当な評価とインセンティヴ（成績・成果に応じた賞与）、女性の活躍しやすい環境だった。そして転職直後に行ったインタビューでは、仕事の進め方の違いに戸惑いながらも、「やりたいって言ったら、面白いねってすぐやらせてくれて。前の会社だったら、誰と誰の承認取って、みたいになってたので。今は、とりあえずやってみようって。ダメだったらそこから考えようって感じなんで」と話し、仕事を「凄い面白いです」と語っていた。しかし転職から半年が経ったタイミングで現状を聞いたところ、仕事量と拘束時間の長さを理由に、長く勤めることは難しいだろうと口にしていた。

このように、彼らの働くことに対する意義づけは、就労前、就労後、転職前、転職後において、一つの軸に収斂されることがない。そして非常に興味深いのは、その都度の意識の変化による環境への適応が、転職経験の前と後で、まったく異なる方向に機能していることである。

転職前においては、働くことに対する意識が柔軟に変わることは、転職意欲を沈静化させ、その企業の就労環境に適応し初職で働き続けるために機能していた。

一方一度転職した後は、その意識の変化は転職意欲を高める方向に機能している。その結果、初職では、就労における不満への向き合い方を工夫したり、他の楽しみに目を向けたりするなど、試行錯誤しながら転職意欲を沈静化していたにもかかわらず、一度転職した後は、転職へのハードルが著しく下がっていたのである。

転職しやすくなったキャリア環境のなかで実際に転職することで、自分自身も転職へのハードルの低さを実感したのがこの変化の要因と言える。つまりキャリア環境の変化自体に、転職経験を通して適応したのだ。彼らにとって「一回目の転職」はそれほど大きな意味があったと言えるだろう。

3　〈ここではないどこへ系〉の転職への懸念

†どこかへ移る力

第2章で紹介した転職者が、自分のキャリアに対して真摯だとしたら、第3章で取り上げた彼らは自分の感情に対して真摯だと言える。彼らは仕事や職場に対して感じた違和感を自身の意識を修正することや、転職という行動によって処理しながら、キャリアを形成しているのである。

しかし転職活動自体は実はかなり大変な作業である。インターネットの転職サイトに登録し、人材紹介会社に登録し、転職エージェントに相談に行き、応募する企業を決め、面接を受け、内定を勝ち取り、転職をするわけだが、これはなかなか一筋縄ではいかない。

「ジョブインフォ」というサイトでは、転職サイトの登録数の目安として3～5という数字が挙げられている。またリクルートキャリアは、転職者が利用する紹介会社の数を、転職者全体で2・1社、転職成功者は4・2社とサイト上で紹介している。複数のサイトや紹介会社に登録して同時に情報をとってくることが一般的な転職活動なのである。

転職サイト「DODA」（デューダ）を運営しているパーソルキャリア株式会社（旧株式会社インテリジェンス）の情報では、「DODA」を利用して転職した人が転職活動を始めて内定がでるまでに応募した求人の数は平均して13・1社だそうだ。また「転職先を決めたサイトNo.1」を謳う「マイナビ転職」を見ると、求人数は8682件とでていた。この膨大な求人のなかから自分の希望にあった求人を探していくわけだが、その作業は決して楽なものではない（各社のデータは2017年7月6日時点）。

さらに、インターネットで求人を探すだけなら家でだって（会社でだって）できるかもしれないが、キャリアアドバイザーに会いに行ったり面接を受けに行ったりするとなるとそういうわけにもいかなくなる。特に面接の日程は、応募先企業の都合に左右されるので、基本的にはその企業の就業時間に行われ、それは平日であることが多い。つまり在職中の転職活動となると、会社を休む必要がでてくるのだ。その時「転職先を探すために今日休みます」なんて言える会社はそうそうないだろう。また、内定を得たあとに行う、所属企業との退職交渉も容易に進まないことが多々ある。応募した企業からの内定を承諾はしたが、前職からの引きとめにより結局、転職辞退という事態をリクルート在職中に僕は何度も見てきた。転職するということは本当に本当に大変なことなのだ。

そうしたストレスに立ち向かいながら、自分の働きやすい環境を探して転職をするということは、とてつもないエネルギーの要ることだ。よりよく働きたいという気持ちの強さが彼らを突き動かしているとしたら、それは本当に立派なことである。

†どこか探しはいつまで続くのか

ただ多くの方が、こうやって賞賛する気持ちばかりではいられないのも事実だろう。彼らのキャリアを眺めるなかで、転職の決断よりも、転職したい気持ちを沈静化したエピソードに共感した人の方が多いのではないだろうか。「よく踏みとどまった」、「その会社で働き続けることで得られることもきっとあるぞ！」と。そして最終的に下される転職の決断を見て、「なんだ、やっぱりその場しのぎだったか」と感じたのではないだろうか。

突然だが、先日とあるイベントで、都知事選出馬で一躍有名になった実業家の家入《いえいり》一真《かずま》氏が、「ここじゃないはずって思い続けているうちは幸せに絶対なれない」と言っているのを耳にした。長い引きこもり生活ののちに、「いろんな人のための居場所作りをしたい」と幅広くビジネスを展開し、成功者の裏で努力しても成功できない人に想いを馳せる家入氏が発したこの言葉には、説得力がある。「ここではないどこか」という選択肢に手を伸ばしがちであることが、必ずしも幸せを阻むと僕は思わないが、彼のような考えが珍しいとも思わない。むしろ一般的な考えだろう。

本章冒頭で紹介した『Anywhere but Here』は、娘が大学進学を望み、そこから互いの心が通じ合ってハッピーエンドとなる。小説には終わりがあるし、娘の成長にライフイベントがあるうちは、母娘の関係にも変化のきっかけがある。子どもに必要なお金や家族にとって望ましい環境が変化し、親が自身の生き方を考え直すこともありえるだろう。

若者においても同様のことは言える。例えば結婚したり子どもができることで、自分の収入や安定性を考慮して転職をやめたほうがいいと考えることもあるかもしれない。もちろん逆もありえる。ともかく、ライフイベントが発生すると、自分のキャリアに関する決定においても、自分のやりたいことや不満以外の要素を考慮せざるを得なくなる。

しかし、晩婚化、未婚化傾向のなかで、その節目がすべての人に訪れるとは言い難いのが現状だ。これは実は非常に重要なことだ。そう考えたとき、彼らのどこか探しはいつまで続くのだろうかと思わずにはいられない。そしてそのどこか探しが終わったとき、彼らの手元にはいったい何が残っているのだろうか。

企業が第二新卒の採用を望む理由は「若いがゆえに柔軟性に優れていること」と、「新卒よりもビジネススキルを備えていること」にあるそうだ。それはつまり、自社の文化ややり方を体得しやすく、それでいて新卒よりも育成コストがかからないことを意味する。当然ながら企業や社会からそうした対象として認識される期間は、いつまでも続くわけではない。彼らがその後どのようにキャリアを歩んでいくのかを考えていくべきである。

ここまで第2章、第3章を通して、自律的キャリア化する若者たちのキャリアの歩みを見てきた。一言に転職する若者と言っても、〈意識高い系〉のように、自らの働くことに対する意義づけを明確にし、それがより感じられる場を探して転職していく若者もいれば、〈ここではないどこかへ系〉のように、働く中で都度発生する不満や希望に向き合いながら、いまより働きやすい環境を求めてキャリアを歩む者もいる。

第1章で述べた通り、本書で考えていきたいのは、転職を経験した若者たちが将来どのようにキャリアを歩んでいくのかということ、そしてそれが社会にとってどんな意味を持っているのかということである。そのために、それぞれがどのようにキャリアを描き、転職し、そして転職を果たした現在、キャリアについてどのように考えているのかを検討してきた。次章以降では、いよいよ彼らの転職以降のキャリアに目を向けていきたい。

第４章
社会の思惑

1　蓄積されるリスク

第2章、第3章を通して、若者の転職者に対してどんなイメージを抱かれただろうか。自分の意志に基づいてキャリアを形成している〝いま〟を切り取れば、仕事や自分自身の感情に真摯に向き合いながら、自らの足でキャリアを歩む、自律的な若者たちに見える。

一方で、彼らのちょっと先の未来を考えてみると、突然、イメージすることが難しくなる。彼らも歳をとれば、背負うものができたり、社会のなかで求められるものも大きくなる。そのとき彼らはどうなっているのだろうか。転職したからといってその後のキャリアが必ずうまくいくわけではない。第1章で見たとおり、キャリアが不安定化していったり、将来に向かってリスクが蓄積されていくことだって大いに考えられるのだ。本節では彼らの将来のリスクについて考えていきたい。

実際には、5年、10年、あるいはもっと長いスパンで彼らを追跡しないとどのようなキャリアを歩むのかを確認することはできない。しかしその一方で、何年後かに、「ほら、やっぱりあの時からキャリアの不安定化は始まっていた」というのでは、取り返しがつかない。だからこそ、彼らのリスクを、いま考えることが重要なのである。

†希望が実現できない

まずは第2章で取り上げた若者たちだ。〈意識高い系〉転職者にとってのリスクは、思い描くキャリアのために必要なプロセスを、想定通りにすすめないことである。仕事を通して何らかの希望を叶えるためには、それにつながる就労の機会や、その機会を獲得するために必要なスキルを身につけることが必要になる。その際重要になるのは、希望を実現するために必要なプロセスを客観的に認識しておくことである。

H氏に転職活動で面接を受けた企業について聞いたとき、次のような回答が返ってきた。

「1社目（に受けた会社）はネットワークの運用、2社目はセキュリティ、3社目はシステムの管理、運用とか構築とか。何が違うかっていうのは、1社目は深夜も出なきゃいけませんていうので、それはちょっと（嫌だ）っていうのは言った。2社目は専門的なところでそういうスキルがあまりにもないなってなった。3社目も同じなんだけど専門的なスキルのことを面接で聞かれずに、なんでいまここにいるのってこと（転職理由）を聞かれた。今まで何してきて、何がしたいのってことを聞かれて。結構2社目と同じようなとこ

なんだけど、あえていじわるな専門的な質問をされなかったんだよね」（H氏）

彼が転職したのは就職後2年目のことである。若いうちはポテンシャルや意欲が選考の基準となり、社会人経験を何年か積んだ求職者に対して、専門的な知識や経験、スキルが問われると一般的には思われがちだ。だがH氏がそうであったように、企業や職種によっては、若者に対してもスキルや経験を問うような選考は行われる。

注目すべきポイントは、そうした質問に対して「いじわるな専門的な質問」とH氏がとらえていたことである。この「いじわるな質問」がどんな質問だったのか、転職後働き始めてから聞いたところ、一般的な知識の質問だったとH氏は振り返っていた。だが転職活動中の彼には「いじわるな質問」に見えたのだ。この認識は、企業が自分に求める資質と、自分が企業に対してアピールしたい資質のギャップによって生まれていると考えられる。H氏の場合、意欲や志望動機をアピールポイントとしていたが、企業側からはスキルや専門的知識が求められたのだ。しかし、採用を決めるのは企業であり、自分がここを見て欲しいということをいくら主張しても、それが企業にとっての採用基準に合致していなければ、働く機会は当然得られない。

そして企業から求められる資質とアピールしたい資質が合致していたとしても、次はその水準が問題となる。

転職活動の際、一つの採用枠を他の求職者と争うことも多い。その時、そのポストに必要となるスキルをより高い水準で持っているのはどちらか、という点が合否の判断基準となる。つまり自分が就きたいポストに必要となるスキルを、自分よりも高い水準で他の求職者が持っていることで、自分が不合格になることがある。そしてそうした事態は若者にも起こりうる。

例えばL氏は3社目への転職活動において、入りたいと思っていた会社の選考で不合格となっているが、その理由を次のように語っていた。

「最後（選考に）2名残って、1人メーカーマーケ出身で、そっち採られて」（L氏）

彼はメーカーでのマーケティング職への転職を希望していたが、それまでは広告代理店での勤務経験しかなかったのだ。最終面接で合格したのは、すでにメーカーでのマーケティング職を経験しており、企業からすればまさに即戦力となる人材だった。

この2人の事例からわかることは、必要なスキルがいつ、どの程度のレベルで必要となるのかを見極めておくことの重要性である。L氏だって、どこかのタイミングではやりたいことを実現するための努力をするつもりだったのかもしれない。しかしそれがいつ、どの程度のレベルで必要となるのかを認識できていないと、チャンスを得ることは難しい。転職には、採用を決める企業がいて、多くの場合同じポストへの転職を争う求職者がいる。転職を希望する者には、企業の期待に合致する人材であること、そして他の候補者よりも秀でていることが求められる。

〈意識高い系〉は、自分の意志や希望に忠実だが、それだけに目を向け、客観的な状況を認識していなければ、希望の実現が困難になりかねない。明確なキャリアプランを持つ〈意識高い系〉転職者にとって、想定通りのプロセスをすすめないことは、その後の計画を狂わせることになるだろう。現実を受け入れずに夢だけを追い求め続けることはリスクの蓄積につながる。

†やり直しがきかない

そうしたリスクを避けるために、「いつチャンスが巡ってきても対応できるよう準備をしておけばよい！」と思うかもしれないが、実態はそうではないということも伝えておきたい。例えばA氏は、「やりたいこと」を語りながらも、日々仕事に追われるなかで、「やりたいこと」のための準備やスキル形成の優先順位が下がり、「思い通りに（準備が）すすめられていない」と語っていた。こうした対象者はA氏以外にも少なくなかった。

また、「理想のキャリアを実現するために必要となるスキルの習得が困難だった場合どうするか」という筆者の問いに対して、こんな回答が返ってきたことがあった。

「基本的には諦めるかな」（D氏）

D氏は、インタビュー対象者のなかでも、特に明確にキャリアイメージを描き、着実に歩んでいるという印象が非常に強かった。そんななかでこの発言はやや予想外だった。

若い頃から自分の将来に対する明確な希望を持ち、リスクの伴う転職もしながらキャリアを形成している〈意識高い系〉転職者の姿からは、「がむしゃらにチャンスを摑みとり、必要なスキルは何が何でも身につける！」というイメージが浮かぶ。しかし、〈意識高い系〉といっても、案外そういったパターンばかりではないようだ。

これまで述べてきた通り現代は、未来を予測することが難しく、変化を想定しづらいキャリア環境だ。そうした状況のなかで、綿密な計画のもとスキルの形成に時間をかけることと自体が合理的ではなくなりつつあるのは確かだ。しかし多くの場合、やりたいことを本当に実現するためには、できるようにならなければいけないことはあるし、そのためには時間も、もしかしたらお金もかかる。従事している仕事のなかで身につけられるスキルだけではなく、独自にスキルを身につけることだって必要となるだろう。それを拒んだ場合、やりたいことが実現できる仕事には就けない。

では、その時どうするのか。

その状況を受け入れて、やりたくない仕事を続けるという選択肢もありうる。だが「やりたいこと」を重視してキャリアを描いてきた人材にとって、やりたくもない仕事をやることは、リスクとは言えないが予想以上に辛いことだろう。

働くことの意義を最優先にキャリアを形成してきた〈意識高い系〉にとって、意義を感じながら働くことこそが、「働くこと」である。あくまでそのスタンスを貫くのであれば、自分にとってやりたいことは何か、改めて考え直す時間を必要とするかもしれない。A氏のような若者は、職を辞することで忙殺される日々から離れ、思い描くキャリアに必要なスキルを身につけるためだけの時間を取りたいと考えるかもしれない。

しかし残念ながらいまの日本においては、一度働き始めた後に退職し、定職につかず、職歴にブランクがある人材が再び働き始めることは実は非常に難しい。そうした状況を知っているからこそキャリアアドバイザーは、どんなに厳しい労働環境だとしても次の仕事が決まる前に離職することを懸命に止める。また離職期間を埋めるためだけにワーキングホリデーに行ったり、大学院に行ったりするような若者もいる（そうした時間の過ごし方が転職に有利に働くかと言われれば、必ずしもそうとは言えないが）。

高い意識を貫き、キャリアを練り直すための時間をとったとしたら、その時間そのものが、彼らが働き直すことを阻むことになりうるのだ。そして一度できたブランクは、一生消すことができない。

†スキルや経験が蓄積されない

第3章で取り上げた〈ここではないどこかへ系〉のリスクについても触れたい。〈ここではないどこかへ系〉の対象者から次のような語りがあった。

「次やるのであれば、女性としての将来を見据えて一般事務で細く長く働けたら、と漠然と考えています。次に営業職はもういいかな、と思います」（G氏）

果たしてこの希望を5年後、あるいは10年後に叶えようとすることはどれほど現実的なことなのだろうか。当然、事務職には事務職の中での競争がある。G氏は将来、同じ職種で長くキャリアを積んだ熟練者と、採用枠をめぐって争わなければならないかもしれない。

「業種や職種を決めてキャリアを歩む」ということは、その領域での経験やスキルの蓄積がそこからスタートするということである。逆に「様々な職種や業種を経験するような意思決定を積み重ねる」ことは、一つに決めた人からの遅れを生むことにもなる。

これは仕事内容や特定のスキルに限ったことではない。仕事を通して実現したいことは人それぞれだが、「ここではないどこかへ」という理由だけで転職し続ける人材より、そこに一つの軸がある人材の方が、それを実現するためのノウハウや経験値を積み重ねる機会が豊富であることは間違いない。

あるいはこういったパターンもある。

「合理的なゆえにルールが多いんですよ」と、転職先への不満を語ったK氏は、その企業へのポジティブな面として、評価基準がしっかりしていることをあげていた。1社目では、成果を出している人よりも、ただ長時間勤務している人が評価されることに不満を持ち、正当な評価基準を求めていたのだ。

一方1社目では、ルールに縛られない自由な労働環境を評価していた。

客観的で妥当な評価基準を整備するためには、企業内のルールや規則は厳しくなりがちである。例えば転職先を選ぶ際、評価基準か自由な労働環境か、どちらかを選び、どちらかを捨てる決断が必要になるかもしれない。もちろん、様々な条件を同時に叶えられる転職先を探し求めるのは自由だが、あちらを立てればこちらが立たずということは仕事にかかわらずどこでだって起こりうる。その時、両方が満たされる環境を求めて延々と転職を続けていれば、スキルや経験を蓄積することは難しくなる。また転職回数があまりにも多いと、採用側に「またすぐ辞めるのでは?」という疑念を持たれることにもつながる。

こうした事態は、キャリア形成を不安定なものとしかねないだろう。〈ここではないどこかへ系〉転職者のように、様々な願望を追い求め続けることは、そのままリスクの蓄積につながるのだ。

✝劣悪な労働環境を許容してしまう

また、〈ここではないどこかへ系〉の中には、転職を繰り返す中で、仕事に対する諦めが芽生える場合もあった。例えば次のような言葉からは、そうした兆候が見て取れる。

「(入社前に)言ってたこと(条件)と違うじゃんってことって前の会社でもそう思ってたし。だからそれは受け入れるけど、でもそうであってほしいわけではないから。でもそれが諦めにかかわるっていうか、前よりは受け入れる。いいことではないけど受け入れる、諦める、みたいな」(F氏)

就労に関わるすべてに対して満足度が高いことはそう多くない。むしろほとんどそんなことはあり得ないと言えるだろう。そうしたとき何らかの優先したい基準を持っていれば、それ以外は目をつむれる、ということもあるが、〈ここではないどこかへ系〉は、様々なことが不満の種になりうる。そして職場をかえても積もり続ける不満を前に、どこに行っても満足し得ないという思いが生まれ、働くこと自体に嫌気が差していくかもしれない。

仕事への諦めは、F氏がそうであるように、劣悪な労働環境の無意識の許容にもつながりかねない。労働環境の問題は、それを生み出している企業側に問題があり、根本的な解決を考えなければいけないということは間違いない。しかし「仕事なんてそんなもの」という思いが芽生えることで、感覚が麻痺し、労働環境の問題に気づかなくなっていくかもしれない。そして「どうせ働きやすい環境などない」、「どこにいったとしても同じ」と言って、決して受け入れてはいけない環境さえ、知らぬ間に受け入れてしまうかもしれない。それは彼らのキャリアにおいて大きなリスクとなるだろう。

†「自分らしさ」のみにこだわるリスク

〈意識高い系〉と〈ここではないどこかへ系〉が将来に向けて蓄積するリスクとしてここ

までに取り上げたリスクは、自分の意志や自己実現に向かう希望、その時々の自分らしさを最優先にキャリアを描くことで発生していたリスクである。そうしたリスクは、若者に関する研究の中で実はこれまでも指摘されてきている。

例えば発達心理学が専門で、思春期の発達なども研究する加藤弘通《ひろみち》（2008）は、「今の時代においては、〈自己実現〉を図ろうとする営みこそが、若者をめぐる様々な問題を生み出している」と指摘している。その様々な問題とは、次のような問題である。「下流社会」で有名な三浦展《あつし》（2005）が明らかにした「『自分らしさ』志向↓非正規雇用↓下流化（所得や意欲が低い状態になること）」の連鎖。また若者の「決められない」ことを病理として描いた長山靖生（2004）は、「自分らしさ」に拘泥する若者がしばしば典型雇用（正社員になること）を避けてフリーターを選びがちであるということを指摘している。あるいは若者の自意識を研究する芳賀学（1999）は、自分らしさを追求することが逆に自分らしさの確定を妨げているという現象を明らかにし、「自分らしさのパラドックス」という名前をつけた。そして詳しくは第5章でも紹介するが、近年のライフコースの変化が選択の可能性を高めたと同時に、その結果のリスクをもその人に背負わせるようになった（岩井2011）とする、いわゆる問題の個人化、自己責任化なども指摘される。

つまり、自己実現や意志、自分らしさといった内面的なもののみを軸にしてキャリアを描くことで①下流化するリスク、②自分を見失うリスク、③問題を過度に自己責任化させるリスクがあるということがこれまでも指摘されてきているのである。

ここまでで取り上げてきたリスクとも重なる部分のある指摘ではないだろうか。

†難しくなる就労機会の獲得

そうした若者たちがこれから生きていく労働市場に目を向けると、さらにリスクは大きくなっていくのではないかと思わされる。

2017年7月現在、求人倍率はバブル期の水準を越えている。しかしそれはオリンピック需要の影響も大きく、同じ状況はそう長く続かないだろう。そして「はじめに」で、「働くこと」はこれからどんどん難しくなっていくのかもしれない」と述べたが、少なくとも、キャリア環境や労働市場はこれからまた大きく変化していく。

AIやロボットはその大きな要因の一つである。AIやロボットに取って代わられる仕事が増えていくという議論については、過去の技術革新がそうであったように、AIやロボットが進化したらそれによって必要となる仕事が新たに発生するという指摘もあり、単純な予測はできない。それでも、今ある職種がなくなって新たな職種が生まれたり、重視されるスキルが変化することはキャリア環境を大きく変容させる。これから何年も働く若者は、そうした変化に対応していかなければならない。それは容易なことではないだろう。

さらに、キャリア環境に大きな影響を与えるのがグローバルな人材移動だろう。日本の労働者が海外出身者と仕事を取り合うような事態はすでに起きている。人件費や設備費用の安い海外に工場を移転することで、日本国内の製造業の働き口は減っている。また留学生や、海外の大学で日本語を学んでいる学生と、日本の企業をマッチングするための就職イベントが国内外で開かれたりもしている。そうしたイベントに参加する日本企業のモチベーションは非常に高い。つまり、いわゆるブルーカラーだけではなくホワイトカラーの仕事についても、職の奪い合いは激化していっている。外資系のコンサルティング会社に転職したK氏は、古くからある日本のインフラ企業から転職したわけだが、現在の転職市場について次のように語っていた。

「これだけ流動的に人材が動くようになると人材のマーケット価値とかも如実にでてくると思うんですよね。アジア系の人もすごい優秀で、そのコミュニケーション力もふわっとしたのじゃなくて、4か国語5か国語しゃべれるとか」（K氏）

このエピソードを通して、「自分よりも若い人に、キャリアを考えることやスキルを身につける必要性を強く感じる」と、語っていた。

安倍首相を議長とする経済財政諮問会議では外国人労働者の受け入れの議論が進んでいる。２０２０年度までに延べ７万人程度の外国人の受け入れを想定したものの、２０１６年２月までの受け入れ実績は２９３人と順調とは言えない。しかし、生産年齢人口の減少やグローバル化の中で、このままの状態が続くとも思えない。移民受け入れの問題をはじめいろいろと目を配るべきポイントがこの議論においても多いが、労働市場に与えるインパクトは大きいだろう。

さらに、年上世代とポストを奪い合うということもこれからは増えるかもしれない。２０１７年５月22日号の『ＡＥＲＡ』に「転職のリアル」という特集が組まれ、「35歳限界説は今は昔の話」というタイトルが掲げられた。そこでは、「かつては転職が難しいとされてきた30代後半〜40代以上の転職市場が今、活気づいている」と紹介されている。その理由の一つとして、産業構造の変化によって大手企業もそれまでのビジネスモデルにはない状況に対応する必要が生まれ、自分たちにない経験を持った即戦力が求められていることがあげられている。

そうした世代がこれまで以上に転職市場に乗り込んでくるとしたら、20代、これから30代を迎える世代は、そうしたベテラン社員とポストをめぐってたたかうことになるのかもしれない。第5章で詳しく紹介するが、いまの30代後半〜40代以上を本書が取り上げてきた20代とでは、過ごしてきたキャリア環境が異なる。彼らは企業によって育てられてきた世代であり、特に意識せずとも即戦力となるための経験が企業の中で積めてきた世代である。いまの20代が30代後半〜40代以上となったとき、いまの30代後半〜40代以上と同水準の経験とスキルを持ち、転職できるとは限らない。

このように、キャリア環境や労働市場にこれまで以上の大きな変化が起こることで、就労機会を得ることが難しくなる可能性や、これまでとは異なる難しさがでてくる可能性は小さくないだろう。

†若者の転職者が抱えるリスク

そうした状況のなかで、彼らはリスクを蓄積している。ここで、取り上げてきたリスクを一度整理しておきたい。

〈意識高い系〉転職者のリスク

・「希望が実現しないリスク」……自身の働く意義のみに執着し、希望する企業が求めている人材像や、同じポストを希望する求職者の存在といった客観的な状況の認識ができていないことで、想定通りのキャリアが歩めないリスク

・「やり直しがきかないリスク」……意義を感じながら働くことにこだわりすぎて、やりたいことを探し直す時間や、スキルアップの時間を設け、その結果再就職が難しくなるリスク

〈ここではないどこかへ系〉のリスク

・「スキルや経験が蓄積されないリスク」……職種や、仕事において求めることが定まらないことで、スキルや経験が蓄積されないリスク

・「劣悪な労働環境を許容してしまうリスク」……様々な労働環境で多様な不満を抱え、「結局どこにいっても不満が募る」という感覚を持ち、不満への感度が鈍化し、その結果過度に劣悪な労働環境を許容してしまうリスク

これらが、若年転職者が蓄積しているリスクである。

さらにこれらに加え、年を取っていくだけでも若年転職者にはリスクが蓄積されていく。年を取ることは、より多くの出費や貯蓄が必要になる可能性が高まることを意味する。年功賃金制であれば、勤続年数によって自動的に昇給できるが、転職者はそうではない。もちろん、年功賃金制の会社に転職しそこで勤め上げるのなら、転職した時点から収入は上がっていくが、第2章、第3章で見た若者たちは、その全てがさらなる転職を考えていた。一つの会社で順調に年収が上がっていたとしても、それは転職とともにリセットされ、ゼロからの給与交渉が始まる。その時、年齢や社会人歴以上に自身の資質が転職自体の成否やその後の給与に大きく影響を及ぼす。転職を繰り返しながら生きる場合、スキルと経験を蓄積し、自分の市場価値を高めていかなければ、収入を高めていくことはできない。それは生きる上で大きなリスクとなりうる。

確かにこうしたリスクは、まだ起こっていない、起こるかわからない、可能性の話だ。しかし実際の転職者の語りを聞いていると、自律的キャリアを歩んでいくスキルもなく、長期的にキャリアが保証された所属先企業もない30代が彼らを待っているというストーリーは、決して絵空事には思えない。これから数年後、彼らが路頭に迷っていたり、あるいは劣悪な労働環境を我慢しながら疲弊していったりする姿は、十分想像できる。

では、なぜ彼らは、そうしたリスクを伴うキャリアを選択していったのか。次節からは彼らの意識と社会との関係を見ていきたい。

2 煽られた〝意識〟

†自己責任？

改めてここまでお読みになって、若者の転職者に対してどのようなイメージを抱かれただろうか。「意識高い系（笑）」と似た意識を持ち、希望や願望には夢を膨らませながら、それでいて計画性や具体性に欠け、描いている理想のキャリアの実現に向けて歩みを進められていない者もいる。「ここではないどこかへ」という気持ちを抱き、楽しければそこにいて、嫌なことがあれば職をかえる。そしてまた移った先で不満が募れば転職を考える。そんなことを繰り返しながら、日々を歩む者もいる。そんな転職者がもし、この先安定したキャリアを歩めないとしたら、「当たり前じゃないか」、「救う必要なんてない」と思われるだろうか。「自己責任」だと考えられるだろうか。

しかし、本当にそうなのだろうか。それでよいのだろうか。第1章でも少し述べたが、彼らがキャリア形成において下してきた決断の背後には社会からの働きかけがある。その意味で、彼らが歩む先にあるリスクは、本当は自己責任に回収されるようなものではないと筆者は考える。

彼らの意思決定と社会からの影響の関係をここから詳しく見ていきたい。まずは、彼らのキャリア観がどのように育まれたのかを具体的に見ていこう。

†企業・社会の思惑

第1章、第2章で紹介した2010年に東京大学比較教育社会学コースが実施した「社会科学分野の大学生向け調査」の分析で、転職許容意識と正の相関が見られた項目に、「授業とは関係なく興味を持ったことについて自主的に勉強する」、「難しい仕事にも積極的に挑戦していきたい」という考えがあった。こうした自主性や積極性は、昨今社会から奨励されるスキルであり、スタンスである。

本田由紀(2005)は、これまで重視されていた、「基礎的な学力」や知識量といった近代型能力にかわって、創造性や個性、能動性といったポスト近代型能力が今日評価される能力となっていることを指摘している。

表5を見て、「え？　そんな能力が今求められているの？」という感想よりは「確かに最近こんなことよく聞く」、「こうした能力が必要だと思っていた」という感想の方が一般的なのではないだろうか。そしてこうした能力に対する要請が特に顕著なのが言わずと知れた「就活」である。

表5　「近代型能力」「ポスト近代型能力」の特徴

「近代型能力」	「ポスト近代型能力」
「基礎学力」	「生きる力」
標準性	多様性・新奇性
知識量、知的操作の速度	意欲、創造性
共通尺度で比較可能	個別性・個性
順応性	能動性
協調性、同質性	ネットワーク形成力、交渉力

出典：本田（2005）

働くことは生きることに直結する。したがって、就職の選考において評価される能力を身につけようとする努力は、生きるために必要な努力となる。こうした能力を若者に求めたのは企業であり社会だ。つまり若者がこうした能力を自主的に身につけようとしているように見えたとしても、それは企業や社会の思惑の影響が大きいのだ。そして主体性や積極性といった意識と転職許容意識が相関しているのは第2章ですでに見た通りである。

こうした社会的な風潮や、第1章で取り上げた社会の変容による若者のキャリア形成への影響は、今回インタビューをした転職者の語りや意思決定のプロセスからも実際に見てとれる。ここからは社会の変化と、実際の転職者たちの意識の変化とのつながりを、それぞれのパターンで具体的に見ていきたい。

†煽られた「自律的キャリア意識」

〈在学時意識高い系〉（A、D、H、L）は、就労前からすでに転職を視野に入れたキャリアプランを描いていたが、彼らはなぜそうした将来像を描くに至ったのか。

大学時代から転職を検討していたこと、あるいは初めて入った会社に居続けようとは思っていなかったことに対する実際の彼らの語りを紹介する。

「武器を持たないと、と強く思っていた。終身雇用が普通って考えは微塵もなかった。それは色んな説明会とかメディアでそういう情報をたくさん浴びてたから」（A氏）

「あと（キャリアセンターの人に）言われてたのは、軸が必要だってこと。これから働く人は、会社に守られるっていうよりは自分で考えてやってかなきゃだからそういうの大事って言われた」（H氏）

「会社に入ったとしてもずっとそこにいられるわけじゃない」、「居続けたからって幸せなわけではない」という思いを持っていたことがうかがえる。こうした考えの要因として、メディアや会社説明会、そしてキャリアセンターの担当者からの言葉といった外的な影響が挙げられていた。右肩上がりとは言えない日本の経済状況や、安定を得づらい雇用状況に関する情報、あるいはもっと積極的な示唆に触れることが、主体的、積極的に就労における軸を持ち、自律的にキャリアを設計しなければ働いていけないという考えを芽生えさせ、彼らを自律的キャリアへと歩ませたと考えられる。

またこんな理由も挙げられた。

「先輩とか周りが枠組みにとらわれない働き方をしていて、自分もそういった働き方がしたいと思った。ずっと（同じ）会社で働く自分はあまり想像できなかった」（D氏）

他にも友人などからの影響が理由として語られる場面は少なくなかった。身近な存在の影響も会社に依存しないキャリアを描く理由、自律的キャリアを志向する理由の一つとして考えられるようである。つまり兄姉や先輩、友人といったロールモデルの存在が、自分もそうしたいと思う要因となったということである。

ただ、「ロールモデルへの〝憧れ〟」と「自分も同様の道を歩む〝決断〟」の間には、「自分にもできる」という考えが存在する。つまり彼らは、自律的キャリアを歩むことへのハードルを感じていなかったということである。それまで何十年も長期雇用を前提としてきた日本のキャリア環境において、会社に所属し続けないキャリアを「自分も歩むことができる」と思うのに躊躇がなかったということは注目に値する。彼らにとって自律的キャリアは遠いものではなく、身近なキャリア形成の在り方としてすでに認識されているのだ。

また、彼らに影響を与えた先輩や友人も、何らかの要因でそういったキャリアを歩み始めたはずである。それぞれに対して、彼らがそういったキャリアを選んだ理由を確認したところ、「それを希望したから」、あるいは「そうしないと将来生きていけないと思っていたから」という回答が返ってきた。これはA氏やH氏の語りと重なる。

彼らは、第1章で取り上げた『新時代の「日本的経営」』にある、厳しい企業環境を生き残るために「自己実現」や「個性の発揮」といった企業からの要求に応える人材、あるいは同様に第1章で触れた佐藤博樹・大木栄一編（2014）が挙げている人材移動の需要に対応する人材のイメージと重なる。社会が自律的なキャリア形成を要請したことが、彼らの意思決定に影響したということが、彼らの語りに表れていると言えるだろう。

†転職活動がキャリア観をかえる

では〈転職後意識高い系〉（J、K、O）はどうだろうか。彼らも社会からの影響を受けているのだろうか。

彼らのキャリアを振り返るうえで重要なのは転職活動自体である。既に紹介したとおり、彼らは転職活動のなかで改めて、働くことに対して意義づけをしている。K氏は、自分が興味を持てることで誰かを喜ばせるもの、O氏は生活できる収入を得ながらワークライフバランスを維持するものとして、働く意義を捉え直していた。またJ氏は次の内容から、仕事以外の趣味を充実させるために生活を安定させるもの、と捉えたことがわかる。

「やっぱりそれ（仕事）を第一には考えてないなって。（学生時代からしている執筆活動が）あるからだと思います。その自己実現もあるからっていうことだと思います」（J氏）

3人とも転職活動を経て、大卒で入社した会社で考えていたこととはまったく異なる内容で、働くことの意義を捉え直している。そして、転職を経てからは、キャリアは自分で築くもの、そのためにはさらなる転職もあり得る、という考え方に明確に変化していた。つまり自律的なキャリアを描くに至っていたのである。

そして彼らのうちK氏、O氏は人材紹介によって転職していた。そして「（転職先の希望を）コンサルタントに絞ってはいなかったですね。ただいろいろ相談していくうちにこういう仕事なのかなっていう。ある程度相手（キャリアアドバイザー）に整理してもらったっていうか」というK氏の言葉に顕著に表れているように、K氏、O氏は、キャリアアドバイザーとの会話のなかで自身の希望を整理したことを認識していた。

その意味では、産業として転職を支援するような業界が世の中に広がったということも、彼らの自律的キャリア化を後押ししていると言える。

また、転職エージェントとの出会いや、転職活動という経験を彼らにもたらしたという意味では、社会における「転職へのハードルの低さ」も重要な要素と考えられる。抱えた不満を解消することや、希望を実現するための選択肢として、「転職」ということが身近な選択肢として存在していなければ、彼らはおそらく、そのまま最初に入った会社で勤め上げただろう。そうなっていたら、働くことの意義を再検討することもなく、自律的なキャリアを歩むこともなかっただろう。

†転職へのハードルが下がることの影響

「転職へのハードルの低さ」がキャリア形成に大きな影響を与えた類型としては、〈ここではないどこかへ系〉（F、G、M、N）も同様である。

例えばM氏だ。

「もともとあったやりたいこと、ざっくりした夢っていうのがでてきたんです。やるならいまだなって。（やりたい気持ちは）慢性的にはありました。一生やらないで通すのはどうなのかなって」（M氏）

M氏は転職によって働く環境をかえるなかで、高校生の頃抱いていた思いに立ち戻った。そして、2社目を離れ、すでに新たな道に歩み始めている。「夢」というフレーズを聞くと、ずっと思い続けながら努力をし続ける対象のように思えるが、M氏の場合はそうではない。「ここではないどこか」を模索するなかで、過去に描いていた夢が、ほとんど新しい希望として、改めて浮上していた。その結果彼は、その夢のためにゼロから準備を始めることになるわけだが、それと引き換えに失うものもあるかもしれない。しかし彼は職を辞して、新たなキャリアを歩むことに躊躇がなかった。M氏の意思決定には、転職することに対するハードルの低さが如実に現れている。

このように、〈転職後意識高い系〉（J、K、O）と〈ここではないどこかへ系〉（F、G、M、N）は、入社当時のキャリアイメージに転職という選択肢が一切なかったにもかかわらず、転職を決意している。そうした決意の背景を聞いたところ、下記のような回答が返ってきた。

「同期の影響かな。同期がこの会社はステップアップって考えていて、転職のこと考えるようになった」（M氏）

「うちの会社は（転職する人）多いよ。稼げる会社なの、歩合制だから。稼いで、留学したいからその資金に充てたいとか、若くしても課長とかになれるから、課長とかになってから辞めようみたいな。（私も）長くいようとは思えなくなったね」（O氏）

あるいはこんな言葉も聞かれた。

「キャリアアドバイザーしている人と合コンしたんです。その時年収これくらいって話をしたら、もっと上げたいって思わないの？　って言われて、無理無理、私はこんな感じでそこそこ生きていくよって。でも今しかできないこともあるんじゃないって、（キャリアアドバイザーと）話してみたらって言われて」（G氏）

友人や身近な人の言葉や実体験に触れるなかで、周囲の人々にとって転職が身近なものであることを知り、その結果彼ら自身にとっても、転職が身近なものとなり、転職へのハードルが下がっていったことが読み取れる。〈在学時意識高い系〉が周囲の影響を受けて、「自律的にキャリアを歩もう」と考えたとしたら、〈ここではないどこかへ系〉は周囲の影響によって、「転職してもいいかも」という感情が生まれたと言える。そしてこれまで見てきたとおり、周囲の人々の影響によって決断した一度目の転職経験は、彼らのキャリア観さえも変容させている。

〈ここではないどこかへ系〉の場合、自律的キャリアの社会的要請によって、積極的にその志向が芽生えているというわけではないが、転職することへのハードルが社会のなかで下がってきていることが、彼らの転職や自律的なキャリア形成を後押ししたと言える。

そして「転職することに対するハードルが低くなっていたこと」は、第1章でその経緯を眺めた通り、社会的な要請によるところが大きい。重要なのは、労働力需要側のニーズが変化し、それに対応する形で労働力の供給側のニーズが変化したということである。即戦力となる人材の迅速な確保や臨時的・短期的な労働力確保の必要性が増大した背景には、産業構造の変化やグローバリゼーションのなかで生産性を維持、向上するという目的があったのだ。経済活動を維持するということが起点にある。ここが重要なポイントである。

†偶発的な出会いで意識がかわる

一方で、社会的な影響とは関係なく自律的キャリア化したのが〈初職入社後意識高い系〉（E、I）である。彼らが転職を検討し始めてから実際に転職するに至るまでに、「転職へのハードルが低かった」ことの影響を読み取ることはできる。しかし彼らのキャリアプランに大きな影響を与えたのは、初職との偶発的な出会いである。そしてそこには、自律的キャリアの社会的要請の影響を見出すことはできない。

自律的キャリアの社会的要請の影響によって転職へのハードルが下がっていたことは、自身が描き始めた自律的キャリアを実行するサポートとなったにすぎないと言える。

†社会構造に規定される自己

ここまでの話から、一見個人の価値観や、大切にしていることをもとに、自分の意思で行っていると思われる自律的なキャリア形成も、大きな文脈で見れば、社会構造に影響されている部分があるということがわかった。

このように個人の意思決定が社会構造に影響を受けるということは、近代化のなかで個人の人生や若者の置かれた状況がどのように移り変わってきたのかという研究でもすでに明らかになっている。鈴木宗徳（2015）は、ドイツを代表する社会学者であるウルリッヒ・ベックが提唱した「制度化された個人主義」の概念を引いて、「ライフコースの脱標準化／多様化は、個人による選択の余地を拡大し自己決定の重要性を高めるが、選択が可能な範囲は、依然として労働市場、福祉政策、教育制度などによって規定されている」と述べている。また、社会変容の中で若者の社会経験がどう変化したのかを膨大なデータを用いて検証したファーロングら（訳書2009）も、「はじめに」に記した通り、自己なるものは後期近代においても多分に社会構造によって規定されていると指摘している。こうした研究は、これまで分析してきた内容を支持する指摘と言えるだろう。

世界のなかでは経済的に豊かで、秩序も保たれた現代の日本においては特に、人一人ひとりの人生は、その人の意志によって紡がれているように思われがちだ。しかしその裏には大きくてかたい社会の構造が存在するのである。

3　若者の転職者が歩みうるバッドシナリオ

†推奨されたとおりのキャリアを歩む若者たち

ここまでで、パターンごとに中身は異なるが、自律的キャリアの社会的要請の影響が、若年層の転職というミクロな意思決定に影響を及ぼしていることを確認することができた。若年層の転職者は、これまでのキャリア論が通用しづらくなった21世紀のキャリア環境のなかで、主体的に自身の仕事に対する意義を見出して自己実現を望んだり、転職が一般的になった環境を有効活用し、転職するなかで自分なりの働く理由を見つけたり、キャリア環境の変化に適応しながらキャリアを歩んでいる者たちだ。彼らは社会の変化に柔軟に対応し、今の社会が奨励するキャリアを着々と歩んできたとも言えるのだ。

2005年のSSM調査を分析した藤本昌代は、初職よりも転職先企業の事業所規模が小さくなる傾向、所得が減少する傾向がある一方で、就業観においては、仕事における自律度が初職継続者よりも転職者の方が高くなる場合があることを指摘している。このような分析から、「転職者の行動や意識からは、社会制度の影響を受けるだけの受動的な個人ではなく、拡大や上昇という経済的合理性のパラダイムを時として選択しない能動的な個人の姿を読み取ることができる」と述べている（藤本２００８）。そう考えると、ここまで取り上げてきた若者たちはとても力強く、そして彼らを待っている未来は、明るいものにも見えてくる。

†彼らは〝能動的個人〟なのか？

ここからが重要な問題だ。

今の若者は、社会の変化に対応し、自律的なキャリアを形成する〝能動的な個人〟に、本当になったのだろうか。

もう一歩踏み込んで言えば、多様なキャリアのなかから自らのキャリアを選択し、企業には頼らない自律的なキャリアを展望し、転職という手段も駆使しながら自分だけのキャリアを描き、不確実な世の中でも生きていける人材となる術を、彼らはいつ、どのように身に着けたのだろうか。そうした術を身に着ける機会が彼らの人生にあったのだろうか。

彼らと同世代として同じ時代を生きてきた僕は、どうしてもこの疑問を抱いてしまう。

つまり少なくとも僕は、これまでの人生のなかで、そういった機会を提供されてきたという感覚を持ってはいない。

本章第1節のなかで、若年層の転職者が蓄積しうるリスクを紹介したが、彼らが歩むようなキャリアが、1990年代以降の社会からの新たな要求によって生まれた新しいキャリアだとしたら、彼らが抱えるようなリスクもこれまでにはない新しいリスクの可能性が高い。するとその対処法も、これまでの経験や枠組みでは考えられない可能性が高い。つまり彼らが、社会の変化に柔軟に対応し、自律的にキャリアを歩み始めているからといって、そこで発生するリスクにまでも、適切に対処できるとは限らないのではないだろうか。

†「暇」も「自由」も扱うのは簡単じゃない

『暇と退屈の倫理学』(2011)のなかで哲学者の國分功一郎氏は、暇を上手に用いて退屈しない術を身につけてきたブルジョワジーに対して、産業構造の変化によって暇の権利が与えられ始めた労働者は、暇を生きる術を知らず、暇を持て余し、退屈な状態に陥ったことを指摘している。そしてその暇を絡め取ることで成長したのが人々に娯楽を届ける文化産業であり、そのなかで人々の欲求は産業に支配されていったと記している。行きたかったわけでもないレストランで芸人がランチを楽しんでいるテレビを土曜日の昼間に見て、食べたいわけでもないのに翌日そのレストランの行列に並ぶといった経験に身に覚えがある人は少なくないだろう。日曜日の昼下がりに生まれる暇が、レストランを紹介する文化産業によって絡め取られ、その結果、「食べたい」という欲求が産業に支配されているのである。

この、労働者が持て余した「暇」と、若者にとっての「自律的にキャリアを歩む自由」は相似形にあるというのが筆者の主張である。

「暇」も「自由」も、なんだか穏やかで悪意がない。誰にでも扱えそうで、なんだかなにをしても許されるような印象を与える。しかし本当はそんなことはない。

それまでの生産体制を一新し、圧倒的な経済合理性を生み出したことで知られるフォーディズム（大量生産、大量消費を可能にした生産システムのモデル。1910年代ヘンリー・フォードが生み出した生産体制に由来する）の特徴に、「1日8時間労働制」と「余暇の承認」がある。そしてこの余暇は、万全な心身の状態の維持のために、労働の一部として承認されたと國分氏は指摘する。労働における規則正しい正確な行動が「余暇」の目的であり、余暇それ自体が目的ではなかったのだ。

「自律的にキャリアを歩む自由」と重なるところはここだ。若者が自分らしく自律的に、キャリアにおける意思決定をした結果、もし誰一人として働かないことを選んだならば、社会にとって大きな問題となることは言うまでもない。「自律的にキャリアを歩む自由」という言葉の裏には、「社会の秩序維持と、なんなら経済成長に寄与するように！」という社会からの思いが込められていると言えるだろう。

そしてそんなキャリアを歩むことは当然容易なことではない。なぜなら、余暇が承認されるまで労働者が「暇」を扱ったことがなかったのと同様に、長期雇用を前提としてきた日本の社会においても、「自律的にキャリアを歩む自由」をこれまで誰も扱ったことがないからだ。

ドイツの社会心理学者であるエーリッヒ・フロムは『自由からの逃走』（訳書1951）のなかで、人々は束縛から解放されて自由になると、孤独や不安に苛まれ、自由をたえがたい重荷であると感じるようになると指摘した。自由を扱うということはとてつもなく難しいことなのだ。そして自由の責任を背負うということもまた、たえがたい重荷なのだ。

そんな状況のなかで、「自律的にキャリアを描かなければ、この先生きていけない」という不安だけが彼らを突き動かしているとしたら、若年層の転職者の増加という現象はまったく異なる見え方となる。

終身雇用や年功賃金が前提とされ、「転職＝ドロップアウト」と考えられていた時代からすると、いまの若者が歩めるキャリアの選択肢は圧倒的に多様化したように見える。幅広い選択肢のなかから、就職先だけではなくキャリア自体を選び、一度入社したらそこで働き抜くのではなく、試行錯誤しながらキャリアを積み上げていける。そんな若者のキャリア環境を羨ましく思った団塊の世代や、団塊ジュニア世代もいたのではないだろうか。そして、一時期異常な流行りを見せた（昨今また話題にのぼっている）ノマドワーカーやフリーランスとして働く若者がメディアで取り上げられるのを目にして、「変化したキャリア環境で若者は力強くキャリアを積み上げている！」と思うこともあったかもしれない。

しかしこれまで見てきた若者の実態からすると、それは非常に一面的な見方だと言える。キャリア形成を取り巻く環境の変化に翻弄され、将来所属し続けられる企業も、自律したキャリアを歩む術も持たないまま、ただリスクを蓄積しているとも考えられるのだ。

そう考えたときに、若者の自律的キャリア化によって発生しているリスクの扱い方も、さらにはそのリスクの責任をどのように扱えばよいかということも、改めて考えていく必要がでてくる。次章ではそれについて考えたい。

第５章
自己責任の罠

第4章では、キャリア環境が変化したなかで、若者がリスクを蓄積しながらキャリアを積み上げていっている様相を明らかにした。そしていよいよ本章から、若者の転職者が抱えるリスクに対して僕が抱いた違和感のど真ん中に踏み込んでいく。

僕が抱いた違和感とは、転職やキャリア形成によって彼らが被るリスクが自己責任化されることに対する違和感である。本章では、この違和感について、「責任」をキーワードに考えていきたい。

1　理不尽な自己責任

†リスクの自己責任化

第4章では、若者の自律的キャリア化は、社会の影響に起因するところがあることを確認した。そして同時に、そうした自律的キャリアを歩む若者が将来に向けてリスクを蓄積しているということも紹介した。若者のキャリアが個人の意思によって形成され始めている反面、その意思は社会によって影響を受けている。そしてそのキャリアの先にリスクが蓄積されているとしたら、そのリスクの責任は果たして誰が負うべきなのか。キャリアを形成する個人が全て負うべきなのか。

この点を考えるためにまず、個人が責任を負うべきであるという考え方、つまり「自己責任」について考えたい。

彼氏に浮気されたとき、「そんな男を見抜けずに選んだあなたの責任」と言われたり、入社した会社の業績が悪化したとき「そんなのは会社の将来を予想できずに入社を決めたお前の責任だ！」と言われたりする場面があるが、こうした考えがすなわち自己責任である。こうした、自分の行動や意思決定の責任を、その行動や決定をした本人が負うという、自己責任の考え方は、近代化とともに発生した。近代化のなかで、家族・階級・企業といった集団から個人が解き放たれ、個人の選択の余地が拡大し、さらには自分自身の在り方や生き方を自分自身で選び取っていくことが求められるようになったことによって発生したのだ。

第4章で紹介したウルリッヒ・ベック（訳書1998）は、第二次世界大戦後の近代化の中で、西欧の産業社会において「個人化」が始まったと指摘する。個人化とは、伝統的な階級や血縁から個人が解放され、かつては集団で経験されたことが個人によって経験されるようになったこととされる。例えば、近代以前のヨーロッパでは、家業を継ぐことが当然とされ、子どもに職選びの選択肢は存在しなかった。しかし今では、職選びは個人によって経験される行為となった。その結果、所属する集団で共有される規範を追いかけることでアイデンティティを獲得することが困難になったのである（鈴木2015）。先程の職選びの例で言えば、近代以前は一家で共有されていた、例えば「靴職人」としてのアイデンティティを、子どもたちは自ずと獲得できていた。しかし、自分で職を選ばなければならなくなった途端に「自分は何者なのか？」という問いを突きつけられ、アイデンティティを自ら獲得しなければならなくなったのである。

また、社会学を志す多くの学生が手にとっては挫折する、辞書のように分厚い『社会学』なる本を著したギデンズ（訳書2005）は、「私が「高度high」あるいは「後期」モダニティと呼ぶ環境――すなわち私たちの今日の世界――においては、自己は、自己が存在する広範な制度的文脈と同様に、再帰的に形成されなくてはならない。しかもこの自己の形成という課題は、多様な選択肢と可能性による混乱のまっただなかで達成されなくてはならないのである」としている。現代において人々は、自分自身の在り方を自分自身で選び取るように求められる。進学、就職、結婚・離婚、出産・子育て、居住地、等々、自分自身を構成するあらゆる選択をいまや自ら下していかなければならない。そのプロセスを通して、常に自己を形成し続けることが求められているのである。

こうした「個人化」や、日々自己を形成するという課題の発生によって、選択の自由が獲得された。そしてそれと引き換えに、失業、貧困、離婚などの「リスク」や「不安」、その都度の人生設計や話し合いという「負担」、そして選択した結果に対する「責任」を新たに個人は課されることになったのである（鈴木2015）。これがリスクの自己責任化である。この議論を若者の転職に当てはめると、自律的キャリアを歩んだ若者がリスクを背負った場合、その問題は自己責任として捉えられることになる。それは自分で決断した転職によって発生したリスクだからである。[*1]

しかし、第4章で見てきたとおり、自律的キャリア形成も、大きな文脈で見れば、社会構造に規定されている部分がある。そう考えたときに、彼らのキャリア形成のなかで蓄積されるリスクが、個人のみに帰責されるということには疑問が生まれてくる。

†責任の隠蔽構造

個人の意思決定が社会構造に規定される側面が明らかになっている反面、そのことに対する社会の責任を見えづらくする構造も、同時に存在することが指摘されている。具体的には、社会が平等であるという〝印象〟や、自分で決めたことは自分で責任を負うべきという〝規範〟によって、社会の責任が見えづらくなっていると指摘されているのだ。

ファーロングら（訳書2009）は、後期近代における個人化・多様化の流れが、「実際に横たわっている階級的関係を覆い隠し、実際には何の実体もないにもかかわらず、平等化が拡大したような印象を与えるかもしれない」と指摘している。これを認識論的誤謬と呼んで、後期近代のもっとも大きな特徴であると述べている。そして「伝統的不平等をつくりだしていた根源は、若い世代の有利・不利の再生産を今も担保しつづけているが、多様なかたちの社会変容によって、その社会的な裂け目は見えづらくなってきている（中略）さらに若者たちは、リスクと不安定によって特徴づけられる社会に生き、その不安定やリスクを個人個人で乗り越えていかねばならないと、いっそう思い込むようになりつつある」とも指摘している（ファーロングら2009）。

つまり、いまの若い世代においても、それまでの世代同様、格差は存在しているし、その格差は世代を超えて再生産されている。しかし階級や差別などがはっきりと明示されることがなくなり、恵まれた者とそうではない者の分断が見えづらくなったことで、本当は存在する不平等が見えづらくなっているのである。その結果、社会はあたかも平等であるかのようにみなされ、本当はやむを得ない理由で他者よりも厳しい状況にいたとしても、それぞれがそれぞれの努力と責任で日々生きていくべきだと考えられているのである。

また鈴木宗徳（2015）は、138頁で引用した箇所の続きにこう記している。「それにもかかわらず（「制度化された個人主義」にもかかわらず※筆者注）、さまざまな言説を媒介して、自分で選択した結果については自分で責任をとらねばならないという規範的圧力がかかるため、人びとは個人化がもたらす「リスク」や「負担」からますます逃れられなくなる。ここには、人びとが選択の自由を獲得すると同時に、新たな「責任」が課されるというパラドクスがみられる」。すなわち、個人が選択できる選択肢は、労働市場や福祉政策、教育制度などによって制約を受ける層とそうではない層が存在し、平等とはいえない状況である。しかし個人化のなかで、自分が下した選択の責任は自分で取るべきだと思われているため、制度や社会状況によって制約を受けながら下した選択の責任さえも、すべて個人が負わされているのである。

若い世代においても、社会の構造によって選択肢の幅は人それぞれで異なるため、本来はその状況を平等とは言えない。不可避的に格差が再生産されていたり、個人ではどうしようもない不平等が存在したら、それは社会の問題とされ、それに取り組むことは本来社会の責任と捉えられる。平等な社会を目指すのであれば、選択肢の限定された個人を社会が支援することも必要になる。しかし、平等という〝印象〟や個人が責任を負うべきという〝規範〟によって、不利な状況は自分の努力不足が原因とされ、自分自身で乗り越えなければならないとされているのだ。

つまり、多分に社会構造の影響を受けている意思決定による結果の責任を、「平等が広まったという〝印象〟」や「自己責任という〝規範〟」によって、個人に負わせてしまっている側面があるのだ。これは責任の隠蔽構造とも言える。ここに自己責任の理不尽さが見え隠れする。

2　若者のキャリア形成に潜む罠

日本の若者の学校から仕事への移行を研究した乾彰夫（2013）も、ファーロングの認識論的誤謬の概念を引きながら、日本における大人への移行過程にも、ジェンダーや出身階層などといった社会構造が引き続き影響していることを明らかにしている。そしてそれにもかかわらず、彼らが手にするキャリアが、個人の選択や努力の結果によるものとして受けとめられてしまっていると指摘している。

本章第1節では、個人の意思決定と、社会構造の関係、そして社会構造による責任の隠蔽構造について見てきたが、ここからは、ここまでの議論を、本書の対象である「ゆとり世代」の若年転職者に引きつけて考えていきたい。

†日本社会に潜む自己責任の罠

まずは、日本社会全体について考える。実は日本においても、自己実現、自己啓発ブームの中で、自己責任化が進むことに警鐘を鳴らす研究がされてきた。多くの書店で幅広く棚を占領する自己啓発書、あるいは自分研鑽をテーマに行われるセミナーなどは、いまでは多くの人にとって身近なものとなっている。しかし、いわゆる自分磨きのために触れられるそうした書籍やセミナーも、捉え方によっては、社会に起こる問題を、無意識に個人に帰責することを後押ししている。

例えば現代社会に「自己コントロールの檻《おり》」という秀逸なネーミングをした森真一（2000）は、「社会から個人の内面へと人々の関心が移ることで、現在の社会的状況があたかも〝自然現象〟であるかのようにみなされており、それに問題を感じるのである。（中略）自明視された社会的状況を問い直すことなく、適応できない自分や他者を過剰に責める結果となる」と指摘している。「困難は、自分自身を変革することで乗り越えるべき」という考え方が一般化することで、その困難が発生している根本的な原因や、それを生み出している社会状況について考えることがなくなること。そしてその結果、自身や他者の努力を過度に要求するようになることの危険性を指摘しているのである。

また、自己啓発書やビジネス誌から女性誌に至るまで様々な資料を取り上げながら、現代においてどのような自己が求められているかを研究した牧野智和（２０１２）は、１９９０年代後半以降の自己啓発書ブームが、「個々人が自分自身を技術的に可視化・変革・コントロール可能なものとみなす感覚を社会に拡散させる機能をやはり果たしたと考えることができる」と指摘している。社会状況に適応できていない自分を変革することを奨励し、社会ではなく自己に問題の原因を探すスタンスを広めることに、こうした自己啓発書ブームは一役も二役も買ってきた。

こうした流れは、これまで紹介してきた現代の若者のキャリア思考や自律的キャリア観、そしてキャリア形成・スキル形成はその人自身の責任のもと行われるべきであるという社会の認識にも、当然つながっているだろう。

自己啓発書を手に取ったり、セミナーに足を運んだりする気持ちは、自分の能力を高めたい、新たな知識を蓄えたいといった、向上心に満ちたポジティブな感情であることが多い。それは自分の人生を自分の手でより良くしていきたいという気持ちの表れかもしれない。あるいは、社会の変化や社会からの期待に対応しながら、自分の足で人生を歩んでいきたいという気持ちの表れかもしれない。そしてその裏には、自分の人生には自分で責任を持とうという気持ちがあるのかもしれない。

しかし当然ながら、自分の努力で解決できる問題や、改善できる状況ばかりではない。自らの努力で状況を少しでも良くしたいと思うことは素晴らしいことだが、だからといって、それができなかったときにその責任の全てを自分で負わなければいけないというわけではない。社会構造に起因する問題は、個人で取り組むべき問題と切り分けて、その対策を考える必要がある。それにもかかわらず、社会構造に起因する問題の原因が無視され、問題に対処するために自分自身をコントロールし、状況に適応することが可能である、あるいはそうすべきであるという考えが一般的なものとなり、様々な問題の要因や対処の糸口は、個人の内面のみに求められるようになっているのである。

さらに重要なことは、それぞれの人が置かれている境遇が千差万別ななかで、取り組むことができる課題も当然人によって異なるということだ。平等（だと思われるよう）な社会のなかで、問題は各個人が対処すべきだ（と考えられている）としたら、本当は個人の力ではどうしようもない境遇に置かれていたとしても、その個人が境遇を理由に救われることも、あるいは境遇の違いに気づかれることさえなくなる。そうした状況のなかで、発生した問題はどんな問題でも自分を変えることで解決しようとする人が主流となったならば、できない人はその理由が何であれ、〝やらない人〟となり、さらに言えば責任を放棄した人となる。

こうした意識は、「歪んだ自己責任」をさらに加速させていくだろう。

†問題が凝縮される「就活」

そしてこうした問題が顕著に表れているのが、「就活」である。

例えば既に紹介した牧野智和（2012）は「「本当の自分」や「やりたいこと」は自ら導出できる、またそれは客観化・調整可能である、演出・表現可能である、絶え間ない修正が可能であるといった、「自己の自己との関係」へのまなざしそれ自体が、就職活動の結果を個人に帰責するロジックをまさに駆動させている」とし、社会問題を個人化する最もミクロな駆動要因として就職活動を取り上げている。

就職活動への準備として欠かせないものとなった「自己分析」を通して企業は、「自己PR」や「志望動機」を就活生に考えさせている。しかしそれらをいくら考え抜いて、一生懸命伝えたとしても、不合格となる場合はある。それは、就職活動の結果が、企業が内定を出すかどうかという、他者がもつ基準によって判断されるからだ。そして採用市場や各社の採用枠数の変化の多くは、社会・政治・経済的動向に大きく左右される。限られた雇用の枠を奪い合う就職活動において、それは致し方ないことかもしれない。

問題は、就活における挫折の多くが、個人に帰責されてしまっているということである。自己分析ややりたいことを土台とした就活が一般化することは、「望ましくない就職活動の結果や未内定者の増加、早期離職者の増加、フリーター・ニートの問題等を、そうした作業課題を遂行できない学生個々人の努力不足として説明するロジックを提供」（牧野2012）しているのである。

企業の採用枠や人材に対する考え方が、経済状況や社会の状況、日本国内にとどまらない世界の状況の影響を受けて変化するということは、第1章でも見てきたとおりである。

新規学卒者の採用活動や採用数は、大きな構造の影響を強く受けるのだ。しかしそれが、就職活動に取り組む若者の話となるやいなや、状況がどうであったとしても、各個人が、各個人の努力で内定を勝ち取れたか否かという文脈でしか議論がなされなくなる。採用枠数は所与のものとして捉えられ、いかに他の人を蹴落としてその枠を獲得するかという議論が展開されるのだ。しかし、もし経済状況が悪化し、採用枠が減っていけば、どんなに努力したところで内定が獲得できない人はでてくる。それを努力不足と完全に一蹴することはできないはずだ。

確かに、就職活動に取り組む個人が、「採用枠の減少が問題だ！」と声を上げて、根本的な社会の状況の変革に取り組むことは現実味に欠ける。しかし社会による認識が、「就職できない若者がいる」という素朴な認識にとどまっていては、この状況は永久に変わらない。若者の働き口がないということは、その社会の構造がすでに制度疲労を起こしているということを意味しているのかもしれないのだ。この問題に目を向けずに、自己啓発や自己分析を奨励し、個人の努力のみを応援し続けることは、すでに破綻した状況に向かって懸命に取り組む若者に、自己責任の追い打ちをかけることにつながる。

†期待を内面化する労働者

働き始めてからも、自分の置かれた状況を疑ったりそれに抵抗したりするのではなく、企業からの期待を察知して、個人の努力によって自分を変化させ、状況に対応するべきという考えを促進する力学が存在する。こちらについても森真一が、「だれかに監視・指示されなくとも、自分の感情をモニターしながら自己制御し、不適切な行為を選択することもなく、与えられた目標を達成するよう自分で自分を動機づける従業員・派遣社員が多いほど、監督者を配置するコストが削減できる」と述べている（森2000）。企業にとってみれば、自分自身で会社の置かれた状況を理解し、求められていることを勝手に察知し、自ら動き出してくれる社員は魅力的だろう。そういう人材を採用したいだろうし、そのように社員を育てたいと思うはずだ。そういった力学のなかで、個人は企業からの期待に応えて努力すべきであるという規範を内面化していくのだ。

この構造を、本書が対象としてきた若年層の転職者に当てはめると、応えるのは会社の期待ではなく社会の変化や社会からの期待となる。大きな変化の只中にあるキャリア環境において、若年転職者が自分自身の置かれた状況に対応しながらキャリアを描いている様は第4章第3節で紹介したとおりだ。

ここでポイントとなるのは、若者の転職者自身が、自分の置かれた状況に前向きに取り組むことを応援したり評価したりすることと、彼らが置かれている状況は仕方がない状況なので彼らが自分で努力すべきであると考えることは、地続きではないということだ。

個人に視点を向けすぎることで、社会の歪んだ状況に対する違和感や、社会自体の問題に取り組もうとする意識は薄れていく。現状が所与のものと捉えられるなかで、つまりキャリアはそれぞれがそれぞれの責任で形成していくのが当然であると考えられるなかで、蓄積されるリスクの責任は当然、キャリアを形成する本人が担うべきであると、何の疑いや違和感もなく考えられていくのだ。

しかしもとを辿れば、根本には社会の状況の変化という、社会構造の要因がある。

†内部労働市場と外部労働市場

これまでの日本において若者のキャリア形成がどのように支えられてきたかを考えると、今の状態の違和感はさらに際立ってくる。

第1章で述べた通り、キャリア観の変容は、労働力供給側というよりも需要側のニーズの変化が起点であり、その前提には産業構造や経済状況の変化がある。そうした変化が起こる前、若者のキャリア形成は企業によって支えられていた。新卒として採用された人材は、企業のなかで一から育成される存在だった。そうした育成を支えた「企業内の人材形成と活用の仕組み」は内部労働市場と呼ばれる（菅野1996）。一方、企業間の労働力移動の場は外部労働市場と呼ばれる。内部労働市場（一つの企業のなか）にいる人材は、①人材開発、能力開発の機会と、②人材活用の仕組みを得ることになる。「人材活用の仕組み」は、企業が社員をどういったポストにつけるのかという登用の仕組みであり、人材の側からするとキャリアを描く上でのヒントとなる。

大多数が総合職として採用されてきた日本の企業では、その頻度は様々だが社内に制度として、人事異動の仕組みがある。雇用が守られたなかで様々な仕事を経験し、労働環境も移り変わりながら、就労経験を積んでいく。そのなかでスキルも身につける。自身の意思とは関係ないところでキャリアが決まっていくということは一見不自由だが、自身の特性に合わせてそれを決めてもらえると捉えれば必ずしもデメリットばかりではない。雇用が守られたなかで様々な働き方に触れ、上司や同僚からは自身の適性を踏まえたアドバイスを、そして人事担当者からは異動の機会が提供される。その際スキルや経験すべき事柄を鑑みて異動先が判断されることも、少なくないだろう。

多くの労働者が総合職として働く日本の雇用慣行を支持するわけではないが、この環境は、どのようにキャリアを歩んでいくかを労働者が考えていくのには魅力的な環境とも捉えられる。

このように、外部労働市場（転職市場）では得られない支援を、これまで多くの若者が受けてきたのだ。

しかし、企業に余裕がなくなり、そうした支援を享受できる層が減っていっているのである。その起点は先ほど述べたとおり、産業構造や社会の変化である。やや乱暴な言い方をすれば、本来得られていた支援を、社会の変容によって得られなくなっているのである。この変化自体に、若者の責任はないだろう。経済状況の変化や社会情勢の変化の責任は誰かに負わせられるものではないため、それを元に社会の責任を問うことは難しいかもしれない。しかし少なくとも、たとえ若者がキャリア形成に失敗したとしても、その責任を若者個人にのみ負わせてよい問題ではないということが、ここからもわかるだろう。

†「意識高い系」の罠

ちなみに、社会からの期待を内面化するなかで、リスクを背負うどころか、その姿勢自体までも批判の対象となっているのが「意識高い系（笑）」である。

自己実現、自己演出、ポジティブ思考、自己啓発のアピールが彼らの特徴であり、それが、彼らが揶揄される理由でもあることは第2章で述べた通りだ。しかし思うのだ。「自己分析をして自分のやりたいことを主体的、積極的に探せ。自分がそれを実現できることを、根拠も示しながら自己PRで語れ」と言ってきたのは社会の方ではなかったかと。そうしないと就職活動は乗り切れないと言われるのだ。職に就けないのは死活問題である。つまり意識高い系（笑）であることは、この時代における一つの生存戦略とも言える。

「意識高い系」と「意識高い人」との違いは、ただのアピールか、中身が伴っているかにあると言われたりするが、中身が伴っているかどうかは程度の問題だ。発信している本人はそれが全力だと信じて主体的に積極的に取り組み、自分の体験や活動を発信しているのかもしれない。それを第三者が、「あれは中身が伴っていないね。意識高い人ぶっているけど意識高い系（笑）だね」なんて言ったって、本人からしてみれば余計なお世話以外の何物でもない。

デジタルネイティブ世代としてPCや携帯電話に小さい頃から慣れ親しみ、高校生からはクラスの多くがSNSのアカウントを持っているような日々を過ごした世代の若者にとって、インターネットを使って自分のことを発信することは至極日常的なことだ。確かに「わざわざ知りもしない人に発信する必要なんてない」という意見は一理あるが、したっていいじゃないか。誰だって人に自分の努力を認めてもらいたいものだ。日々高い意識を持って様々なことに取り組み、それを日常と化しているSNSに投稿したら「意識高い（笑）」と揶揄される。なんと生きづらい世の中だろうか。

「意識高い系（笑）」の中身はどれも、社会を生き抜くために必要とされる意識やスキルである。それはつまり社会から個人への期待である。その期待に向き合い、それを実践すると叩かれる。自律的キャリアを形成する若者同様、社会からの期待を敏感に内面化していようがなんだろうが、リスクは個人の責任とされるし、目立つと叩かれるのが今日の社会のようだ。

†プランドハップンスタンス理論と自己責任

話を本筋に戻そう。ここまで、若者のキャリア形成における意思決定の結果が、理不尽に自己責任化されている側面があるということを紹介してきた。この節の最後に、昨今非常に注目を集めている「アダプタビリティ（適応力）」という能力においても、同様のことが言えるということを指摘しておきたい。

下村英雄（2008）は、「現在、キャリアをめぐる環境が流動的で変化が激しくなっているという認識をベースにすれば、現状では、偶然の出来事や出会いを重視することが「最適解」であるということになるのだと思われる」と述べている。将来予測や想定が難しい21世紀の労働環境においては、臨機応変に判断し、偶然の出来事にも適応しながらキャリアを形成していく方が適していると言われているのだ。

こうした考え方を端的に表すのが、クランボルツらの「計画的偶発性理論（Planned Happenstance Theory）」である。変化の激しい現代だからこそ、偶然にもたらされた機会をキャリアに活かしていく、という姿勢が必要であるという、現在非常に注目されている主張である。

計画的偶発性理論の重要なポイントは、偶発性に適応するとともに、主体的かつ努力によってその偶発的な出来事を最大限キャリアに〝活用する〟という点にある。クランボルツら（訳書2005）は、キャリアは、自分でデザインしてそのとおりにつくることはできないけれども、結果的に自分らしい満足度の高いキャリアになる〝確率をあげる〟ことは、個人の努力でできると言っている。

そして高橋俊介（２０１２）は、そうした確率を高めるために重要となるのが、偶然のキャリア機会を効率的に誘引するスキルである「自己ブランディング」であると言う。「あの人は必ずこういう価値を提供してくれる」という信頼感が個人のブランドとなり、それをもとにキャリア機会が訪れるようになる、そして結果的に自分らしいキャリアに誘導してくれる確率が高まる、というのだ。また、想定外変化のなかで、偶発性を主体的に引き寄せながらキャリアを描いていくのに必要な能力として適応力とともに好奇心、持続性、柔軟性、楽観性、冒険心をクランボルツは挙げている。

変化が激しく先行きの見えない今日のキャリア環境のなかで、偶然性の高い出来事や変化に柔軟に適応すること、さらにはその偶発的な出来事を最大限活用するために自己ブランディングする能力が昨今求められているのである。

しかし、この計画的偶発性理論にも、問題の理不尽な自己責任化につながる懸念があるというのが筆者の主張である。

計画的偶発性理論において重要視される、適応力、好奇心、持続性、柔軟性、楽観性、冒険心といったスキル、スタンスの特徴は、「第一に、感情や人格の深いところまで含む

「人そのもの」という性格を持っていること。第二に、正確に測定できない」（本田2014）という、第4章でも紹介したポスト近代型能力の特徴と重なる。

そして本田由紀（2005）はポスト近代型能力に対し、どのように形成されるかについて社会的に合意されたセオリーが確立されておらず、生来の資質か、成長する過程における日常的・持続的な環境要件によって規定される、つまり家庭環境という要素が重要化するということも指摘している。

家庭環境の違いなどの格差が、このポスト近代型能力の身につけやすさを通して、本人の就職やその後の社会的地位の獲得に影響している。すなわち、家庭が経済的に恵まれている場合、ポスト近代型能力が高くなり、その結果、本人は社会的地位が獲得できる可能性が高い。こうした状況を本田は、「形式的な「機会の平等」という検閲を「近代型能力」の場合にも増して巧妙にすり抜けるものであり、それゆえに糾弾されにくい」と指摘している。そしてこれは、適応力、好奇心、持続性、柔軟性、楽観性、冒険心といったスキル、スタンスにも言えることではないだろうか。つまりそうした能力は社会構造に規定される有利不利が存在するスキル、スタンスであり、かつその有利不利を生みだす構造的な原因が隠蔽されやすいということである。

したがってこうしたスキルやスタンスを土台にする計画的偶発性理論にのっとってキャリアを形成し、うまくいかなかった場合、その問題が理不尽に自己責任化される可能性は高い。

将来の予測や想定が難しい21世紀のキャリア環境のなかで注目される計画的偶発性理論は、自律的キャリア同様、これからさらに若者のキャリア形成に大きな影響を与え、推奨されていく可能性が高い。確かにこの理論はキャリア環境の激しい変化に対応するという課題は解決しているかもしれないが、結局のところその理論を実践した先で発生するかもしれない問題が、理不尽に自己責任化されるかもしれないという問題には向き合い切れていないと言える。

3 社会の役割

ここまでのことをすべて踏まえたとしても、「選択肢がそこにあっただけで、選んだのはその人個人だろう」、「責任は選んだ個人にある！」という気持ちをお持ちになる方は少なくないだろう。

それでも僕は、社会には大きな責任と役割があると考えている。

†それでも重視され続ける〝個人〟

社会や産業構造の変化という背景のもと、個を重んじ、個人の意志を重視する自律的キャリアへと、主流となるキャリアデザインは移り変わってきた。さらに、環境や変化に対するアダプタビリティも昨今では重視されている。一方で、今まで指摘してきたように個人の意志を重視するようなキャリアデザインや、アダプタビリティを土台としたキャリアデザインを若者に求めることで、個人ではどうしようもないようなリスクを自己責任化してしまう可能性があるという問題がある。それにもかかわらず、進路選択や就職先選択における指導においては、個人の意志が重視され、自律的キャリアの形成が求められている。

高校の進路指導に対して、「押し付けてはいけない」「自分で選び、自分で探す、自分で納得する」という指導へシフトしているという指摘（苅谷ら2001）や、「自分の意志・希望で選択・決定した進路であるという自覚と満足感が持てるような指導・援助活動が現代の教師に求められている」といった指摘がある（加澤2003）。これらから、進路指導においても自律的キャリアを推奨する向きが求められていることを読み取れる。そして

「キャリアプランニング能力」が2011年以降教育現場で重視されていることは既に述べたとおりだ。

大学におけるキャリア支援も同様だ。大学生の就職活動シーンに登場してから20年も経たずに、就職活動の中核的位置づけとなった「自己分析」の影響で、就職活動は「自分探し・やりたいこと探し」なしには始まらなくなっている（豊田2010）。そうした状況の中で、大久保幸夫（2003）は「企業が個人に自律的なキャリア形成を求めるようになり、就職協定が廃止されて競争が激化し、超氷河期と言われるほど求職環境が厳しくなってくると、就業前からキャリア意識をもって就職戦線に臨むことを求められるようになった」と指摘する。

では、こうまでして社会が若者に自律的キャリアを求めるのはなぜなのか。

†社会が若者から目をそらしてはいけない理由

それは、そこにしか未来を切り開く可能性を求められないからではないだろうか。ここまで見てきたとおり、産業構造や社会構造の変化など、ことの背景は巨大で深刻だ。今の小学生たちが大人になる頃、今の仕事の半分以上がなくなるというデータまで出てきて、今ある正解を追い求めるのではなく、彼らが自ら正解を作り出していかなければいけない時代になったと言われる。そんな時代を、今まで誰も生きたことがない。

「この会社で何を実現したいの？」、「キミは何がしたいの？」と問われた就職活動の面接で「最後に何か質問はありますか？」と言われるので「入社されたとき、どんなことを実現されたいと思われていましたか？」と聞いたら、「我々の時代はそういったことを考えるようなことはなかった」という回答が返ってきたと怒っていた友人がいた。そこまで正直に答えてくれる面接官は多くないだろうが、おそらくそういう人は少なくないのだ。あるいは「会社で何を実現したいのか」という問いの答えが、仕事につけるかどうかを分かち、そして彼らの生死を分かつようなことは、当時ほとんどなかっただろう。

しかしいまは違う。今日のような時代を生きる若者は、「生きていく」という最低限の欲求のためにでさえ、「やりたいことを考え」、「選んで」いかなければならない。社会の変化は激しく、経済成長は鈍化し、いままでのやり方では働き口が得づらくなったそのなかで、個人が強い意志を持ち努力することで自分の人生を切り開いていかなければ、生きていけない時代なのだ。そして社会は、先行きが不透明な現代において、こうした若者一人ひとりの努力の先にしか、明るい未来を求められなくなってきているのではないだろうか。

†脱「問題の個人化」

そうした状況を踏まえて、改めて僕の主張を整理したい。

僕は、「社会の意図に翻弄されて若者は囃し立てられ、知らぬ間にリスクを蓄積している。なんて社会は悪意に満ちているのだろうか！」と言いたいわけではない。転職によって被るリスクの責任の所在を明らかにしたいわけでも、誰の責任が一番重いのかを論じたいわけでもない。現状起こっていることが非常に複雑で一筋縄には解決できないこともわかっている。

ただ、ミクロな視点で、彼らの転職における意思決定だけを見ていたら見落とすことがあまりにも多すぎるということを指摘したいのだ。転職は何もその人の意思決定だけで行われるわけではないのだ。むしろ大きな構造の一部が表出した姿とも言えるのである。

フランス社会学の祖E・デュルケームは、個人の外にあり、一定の強制力を持つ規範や信念、慣行を「社会的事実」と呼んだ。そして一人一人にその意図がなくても、大勢が集まって行動しているとそれが社会的事実として社会法則に転化する場合があると言っている。思いもよらぬ何かが常に個人の意思決定を規定することがある。そしてその規定している要因に、すべての人がなりうる。問題を再生産し続ける構造に無意識に加担してしまう可能性は、誰にだってあるのだ。

自律的キャリア形成にしても、計画的偶発性理論にしても、そうしたキャリア形成を応援することや評価することと、それができないと生きていけないような社会の状況を許容することは、別のこととして考えることが重要ではないだろうか。

生まれ育った環境や置かれた状況によって身につきやすさに差があるようなスキル、スタンスが、彼らのキャリアを豊かにするか否かを分かつとき、格差の再生産が行われるということ。そしてそうした構造は得てして気づきづらく、無意識のうちに社会はその構造に加担している可能性があるということを、認識しておく必要がある。

つまり、問題を個人化する文脈から抜け出すことが重要なのだ。そして互いのことを理解し、個人の意思決定を捉える際に社会の構造という観点を持ち込むことで、個人と個人の間の分断を解消していきたいのだ。

そしてその先にあるのが、「若者のキャリアを社会全体で支える」ということだろう。若者一人一人が思い思いの正解を考えなければならないことも、新たな価値を創造していかなければならないことも、社会情勢を見たら不可避なのかもしれない。しかし、そんな十字架を背負った若者に、新たな時代を切り拓く役目を任せ切ってはいないだろうか。社会は、いかにしてキャリア形成に向かう安心と安全を彼らに提供することができるのか、あるいはそれ以上に何ができるのか。こんな時代だからこそ、「社会はいったい何ができるのか」ということを考えていくべきだと思う。

†論点は何か

ではどうすればよいのか。原点に立ち返り規範的な議論をするならば、若者のキャリア形成に対する支援はそもそも誰がすべきなのか、という点は確かに無視できない。つまり「それは誰の責任なのか」という議論だ。

その一方で、まだ見ぬ未来に向けて日々静かに問題が蓄積していっている可能性があるとしたら、そしてその問題への対処をこれまでのアクター（多くは企業）が担うことが困難になっているのであれば、誰がどのように代替〝できるのか〟ということを、喫緊の課題としてまず議論すべきではないだろうか。

若年層のキャリア形成におけるリスクに対処するのは誰なのかということを、教育や福祉といった労働市場の外部も含めて議論することの必要性は十分理解したうえで、まずは労働市場の内部において、この問題を解決する糸口を探す必要があるのではないだろうか、ということである。

では改めて若年転職者にはいま何が必要で、それを提供できるアクターはいったい誰なのか。

†支援の可能性

本書で取り上げてきた自律的キャリアを歩む若者たちは一様に、希望や不満といった自分自身の内面的意識を元にキャリアを形成してきている。さらに踏み込んで言えば、意識のみによってキャリアを展望し、転職を遂げているとも言える。しかし自身の価値観や興味関心から不満や希望をいだいても、それを実現するには、そのためのスキルが必要になる。そしてもちろん、スキル獲得の実現可能性も視野に入れた、具体的なキャリアの検討が実践的には必要である。この時、転職したい会社が本当にあるのかということや景気動向、転職市場の現状など外的な要素も考慮に入れなければならない。当たり前のことのようにも思えるが、意思決定や進路選択というのは、主体的な意思を持ちながらも、置かれた状況を理解し、成功する確率を考え、実現可能性を吟味することで適切なものとなる。

経済学の投資戦略理論を応用したジェラット（1962）による意思決定理論では、個人がある方向へ向かって行動を明確化するために、情報を整理し、活用することが意思決定であるとされる。選択された行動がもたらす結果の成功確率（予測システム）、結果の望ましさ（価値システム）、そして予測システムと価値システムを踏まえた判断基準による行動の選択（行動システム）の3つのシステムを運用しながら、最終決定に到達するまで暫定的な決定を繰り返す過程が意思決定であるとされている。

この意思決定理論に即して言うならば、転職によって実現できるであろう結果の望ましさ（価値システム）だけでなく、その希望が実現できる可能性（予測システム）をふまえて、実際に必要な行動の選択を検討することが、キャリア形成には求められる。

こうしたことを考えさせる契機を社会が提供することは、若年転職者に必要なことの一つとして考えられる。

実はキャリア教育に対しても、進路選択に関する外的要因の検討や実現可能性の高い希望に適切な形で向かわせるようなやり取りの不足は指摘されている。例えば「受験指導」との対比から「在り方生き方指導（進路選択・決定の在り方やそのために必要であると考えられる態度や能力の育成を図ろうとする指導)」を分析した望月由紀(2008)は、「「受験指導」から「在り方生き方指導」への転換を図ることは、これまで学校進路指導が担ってきた「現実吟味」によるアスピレーション(願望・野心※筆者注)の冷却機能を放棄するということにほかならないのではなかろうか」と指摘している。「やりたいこと」のみで進路を検討させるだけではなく、実現可能性や先のことも視野に入れた指導をすることで、適切な形で願望をコントロールすることも、進路指導の果たしてきた役割ということである。

つまり進路選択は個人の意思のみに基づくものではなく、教育や雇用システムなど客観的構造にも規定されるものであり、そうした状況を含めた議論も必要であると指摘されているのである。

†キャリアアドバイザーの可能性

では、「予測システム」の視点は、どういった場面で転職希望者に提供することができるのか。

彼らが自身のリスクを縮小するためには、まず転職市場の動向や様々なキャリアのイメージをふまえて自身のキャリアを客観視し、自分の相対的な人材価値を認識すること、そして将来起こりうる事態を可能な限り想定し、判断していくことが必要になる。そしてキャリアプランの実現に向けた道筋と、そのために必要なスキルを理解し、意図してスキルを形成していくことが求められる。そのためには、多くのキャリア形成のパターンをイメージすることができ、企業や中途採用市場における人材の価値を判断できる視点を持つ、第三者の存在が不可欠である。

転職者にインタビューするなかでそうした存在になる可能性があると筆者が考えたのが、人材サービス会社などでキャリア面談を行うキャリアアドバイザーである。

次章では、若者のキャリア形成を支える方法を模索するために、一つの具体例としてキャリアアドバイザーと求職者の間で行われる「キャリア面談」について検討したい。

＊1　ベックのリスク概念は、ルーマンに代表される構成主義的リスク論に批判を受けるが、本書においては第二の近代による個人化までを取り上げているため、構成主義的リスク論は取り上げないこととする。

第 6 章

キャリア面談は有効か？

本書ではここまで、若者の転職者がいまどういったキャリアを歩んでいて、その中でどんなリスクを抱え、さらに、そのリスクを社会はどのように捉えるべきなのかということを検討してきた。そして転職や自律的なキャリア形成がいくら個人の意思決定を元に行われているように見えるとしても、背後にある社会の影響は無視できず、だからこそ彼らのキャリア形成やリスクの責任を、個人のみに背負わせるべきではないということを主張してきた。つまり、社会もその責任の一端を担うべきであるということが筆者の主張である。

だからここからは、社会は若者の転職者のキャリアをどのように支援できるのかということを考えていきたい。その一つの手がかりとして本章では、キャリア面談を取り上げる。

社内で人事から異動を言い渡されるのとは違い、自律的キャリアを歩む者にとってキャリアは、自分自身で決断しながら歩んでいくものとなる。

そんな中で、転職者の意思決定に「予測システム」の視点を提供し、サポートできる存在として、キャリアアドバイザーが存在する。専門家として、客観的な立場から転職希望者のキャリア形成に携わるのがキャリアアドバイザーの仕事だ。そんなキャリアアドバイザーによるキャリア面談は、転職希望者が思い描くキャリアを歩むうえでのリスクを本人に認識させ、それを縮小させることや、キャリア形成に必要なプロセスを考えさせる一つの機会として捉えられる。

1　企業と転職希望者をつなぐ

†キャリアアドバイザーとは

本書執筆にあたって行った二つ目の調査が、キャリア面談への参与観察である。この調査から得られたデータの分析の前に、キャリアアドバイザーとはどういった方々なのかということを基礎知識として簡単に紹介しておく必要があるだろう。

辞書的な説明をするならばキャリアアドバイザーとは通常、人材紹介会社や人材派遣会社といった人材サービスを手がける会社に在籍し、就職や転職を希望する求職者に対して相談や支援を行う職業である。

この仕事に就く人材にはキャリア・コンサルタントという国家資格を持っている人も多いが、必ずしもこの資格がないとなれない仕事ではない。ちなみに厚生労働省の職業能力開発局は2002年に「キャリア・コンサルティング研究会」報告を公表し、5年間で5

万人のキャリア・コンサルタントを養成するという「キャリア・コンサルタント5万人養成計画」を打ち出した。その結果2016年段階で5万人弱となっており、厚生労働省は2024年度末までに10万人に倍増させる計画を立てている。こういったところからも国が人材の流動化を促進しようとする意図や、キャリア環境の変化がうかがえる。

企業のなかでキャリアアドバイザーになるプロセスは様々である。今のところ明確に資格が必要な仕事というわけではなく、何らかの学部の卒業資格が必要ということもない。

大手の人材会社や、主に若手の転職を支援するような企業では、新卒で入社した社会人が、研修やOJT（オン・ザ・ジョブ・トレーニング）を受けながらキャリアアドバイザーとなっていく場合もある。第三者のキャリアに関する相談や支援には、特別な知識やノウハウが求められるが、その職業に就くプロセスという意味では営業職や企画職といった他の職種と、ほとんど変わらないと言える。一方で、30代後半以上のミドル層やシニア層と言われる求職者の転職支援を行うような人材会社では、ある程度の職務経験が求められる場合が少なくない。また何らかの業界への転職支援に特化した人材紹介会社でキャリアアドバイザーになるためには、その業界での職務経験を求められる場合もある。このように、各社やそれぞれのポストによって、求められる経験やスキルは異なる。

†キャリア面談への参与観察

　それでは改めて、今回の調査の概要を紹介する。キャリア面談は通常、人材紹介会社や職業安定所において行われる。新たな人材の採用を希望している企業のニーズを知るキャリアアドバイザーが、転職を希望する人材と面談し、彼らの希望やこれまでの経験を聞きながら、適切な求人を紹介する。または求人に対する応募意欲を高めながら、企業への応募につなげるプロセスである。

　今回、若者の転職を支援している3つの異なる企業、施設に協力をお願いし、キャリア面談に同席、あるいはそのやりとりを録音させてもらった。2か月間集中的に施設に足を運び、19回のキャリア面談に同席し、4回のキャリア面談の録音データを取得した。[*1] 定期的に行われるキャリア面談に同席しながら、それ以外の時間は、キャリア面談へのスタンスや考えていることに関して、キャリアアドバイザーにインタビューも行った。さらに観察を行った機関以外に所属しているキャリアアドバイザー1名（P氏）に対して、調査を補完するためにインタビュー調査も行った。

　この調査を通して得られたデータを、M‐GTAという手法をもちいて分析した。人間同士の直接的なやりとりやヒューマンサービスの研究に適していると言われるこの手法(木下2003)は、今回の分析にも適応度が高い。

✝キャリア面談で行われるやりとり

M-GTAでは、調査によって得られた情報から概念とカテゴリーを作り出し、そこで行われているやりとりを可視化していく。本書では、細かい概念の抽出過程や、概念の中身、カテゴリーについての説明は差し控えるが、最終的に形成した図2をもちいて、キャリア面談において行われているやりとりをまずは概観する。

キャリア面談を受けるためにはまず、個人の情報登録が必要となる。登録はウェブによる場合が多く、その段階で個人情報や、現在の就労状況などを登録することが一般的である。求められる情報はまちまちだが、名前、住所、連絡先、年齢、出身大学、学部、所属企業(前所属企業)、就業年数、転職先への希望、転職希望時期などが一般的な項目である。その後登録した機関と連絡を取り合い、キャリア面談の日程を調整することとなる。キャリア面談は一般的に紹介機関内のキャリア面談用のブースで行われる。その際、前記内容のうち事前の登録で確認されていなかったことなどの回答を求められる場合もある。

図２　キャリア面談全体（結果図）

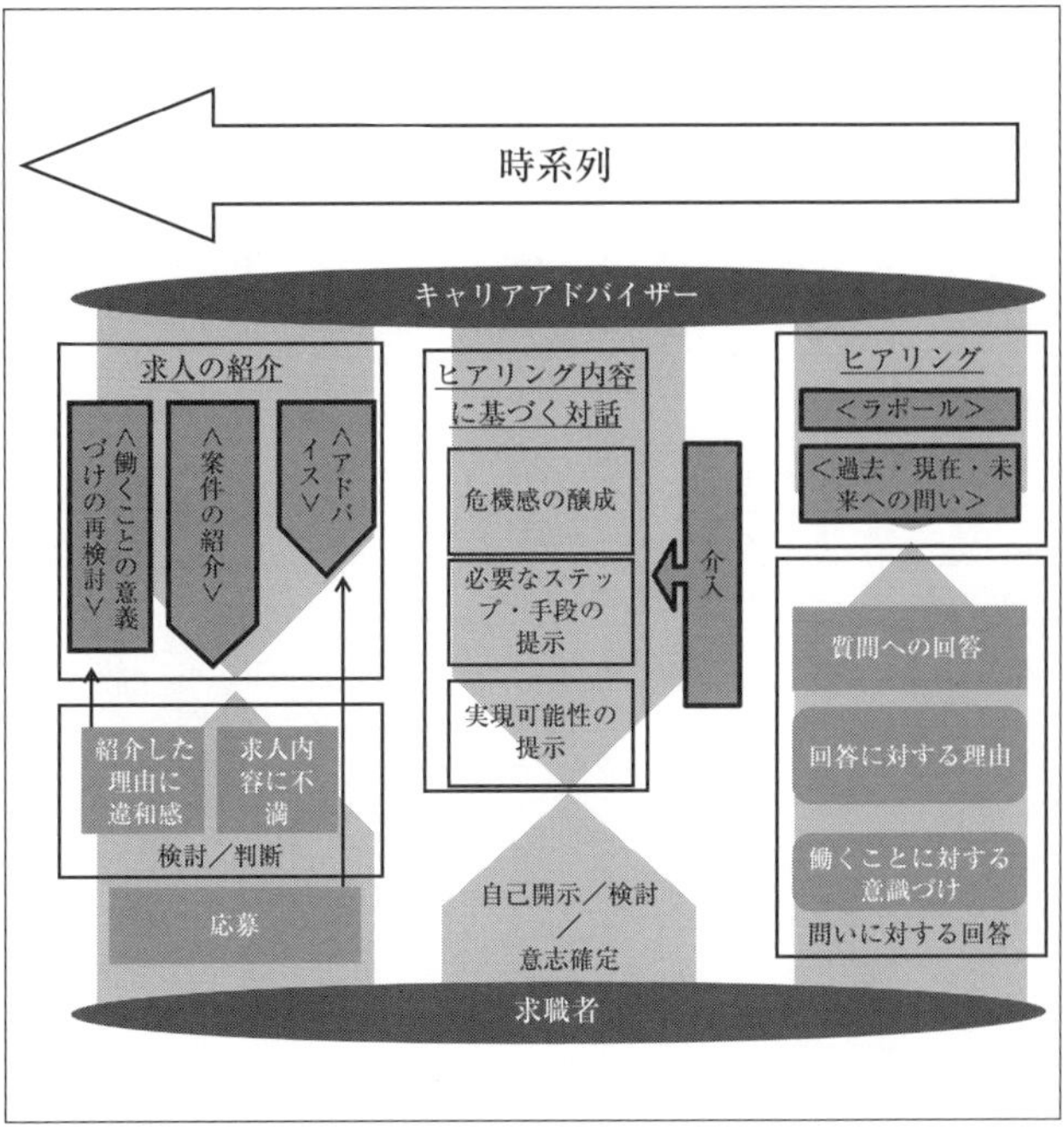

このように、キャリア面談の前に、個人情報や就労に関する情報について事前に開示が求められ、その情報を元にキャリア面談に進むのが一般的である。企業によっては、その情報を元にキャリアアドバイザーを選定する場合もある。

分析を通してキャリア面談は、ヒアリング、ヒアリング内容に基づく対話、求人の紹介、と3つのステップに分類できた。ごくごく簡単にだが、そのプロセスをまずは紹介する。

†ヒアリング

事前の情報開示や、日程調整の連絡を取り合っていたとしても、求職者とキャリアアドバイザーは基本的には初対面となる。したがってお互いの信頼関係構築のために世間話のような話から会話は始まる。この時、誰しもが答えられる質問として、居住地や当日の施設までの交通経路などが、話題に選ばれることが多かった。これらは一見キャリア面談には関係ないように思えるが、居住エリアはどの辺か、一人暮らしか、家族とともに暮らしているのか、といった情報は、紹介できる求人や、求職者の転職に対する逼迫度を推し量るのに利用されている場面も少なくなかった。

そこから徐々に転職に関わる問いに移っていく。具体的には、過去、現在、未来に関する質問をするなかで、志向性や経験、持っているスキル、転職の本気度や希望などを確認する姿が見られた。

例えば過去に関する質問を通して、求職者の志向性を探ろうとする意図が見られたのは次のようなやりとりである。

キ⑥「なんでバドミントン始めようと思ったんですか?」
求⑬「運動神経俺ないし、中学校の時バドミントン楽そうかなって思って」
キ⑥「そういう気持ちだったけど10年も続けたんですね」
求⑬「自分が変わる、いいチャンスかなって思って。それまで一生懸命やったことってなくて、で、それなりに得るものもあったので、頑張ってみました」

また現在の状況を聞くようなやりとりでは、転職への本気度や選考の状況を確認することで、今後どのように求職者をサポートしていくのか、検討するような場面が見られた。

キ④「なんか最終(面接)2社受けてるって」

求⑦「そうです」

キ④「じゃあ一番もやもやしますね。他にも受けてますか？」

求⑦「いや2社だけです」

キ④「どちらさんですか？」

求⑦「○○社、××社という両方ともネットワークの運用保守です」

キ④「なるほど。じゃあ両方ともダメだったときの次の打ち手がほしいってことですね」

求⑦「そうですね」

未来に関する問いは、転職を考えるうえでの具体的な希望の確認につながるやりとりとなる。

キ①「他に行く（転職する）としたらどういった会社にいきたいですか？」

求⑪「上場している、できれば大手。定時で。定時で帰れないなら残業代がでる。ちゃんと夏季休業がある。有給が使える会社。今の会社は休業ないですし有給もない」

未来や今後の希望に関する質問は特に重点的に行われていたが、転職先や転職後の働き方に対する希望が、この段階で明確な求職者ばかりではなかった。またキャリアアドバイザーへのインタビューによると、希望が明確だからといって、その通りの求人を紹介すれば求職者が必ずしも意欲的に選考に進むとは限らない、と認識していることがわかった。そうした前提を持ちながらも、現状や希望に関して極力多くの話をしてもらえるよう、信頼関係の構築と情報の収集がまずは行われる。

†ヒアリング内容に基づく対話

キ⑤「これなら(やりたい)っていうの(仕事)あります?」
求⑫「でもそれもまだよくわかってないので。でも他の、人材会社さんのときにコールセンターとか案内されて。コールセンターは違うなって」
キ⑤「どういうところが違うと思いました?」
求⑫「うーん、もっと人と会って、電話っていうより人と会って仕事がしたいなって」
キ⑤「人と会うってどういう仕事を想像します?」
求⑫「…………人と会う。うーん。販売とか、受付とか」

求⑫のように、自身の希望を明確に語りきれないという場面が、若者の転職者に対するキャリア面談においては少なくない。こういう働き方がしたい、こんなスキルが身につく仕事をしたいといった漠然とした希望はあるが、「明確に希望があるのでそれに合った求人を紹介してください」という求職者の方が少なかった。そうした状況の求職者に対し、なんとなく抱いている将来のイメージが現実になった際に起こることを想定したり、そのために必要な手段やステップを提示したり、あるいはその難しさについて説明したり、希望が複数ある場合はそれらを比較しながら希望を精緻化していくプロセスが見られた。

キ①「（転職先では）新しいことやりたいと」
求④「そうですね。裁量とかを増やしたいなと。今は自分の中で判断して決めていくっていうところが制限されているなと」
キ①「今後今の会社でステップを踏むと（転職してやれるようになりたいと言っている）クロージングとかできると思うんですけど、それよりも転職したいのはなぜですか？」
求④「日曜日、月曜日が休みなんですけど、日曜は出社していて、なかなか資格の勉強とかもできない状況なんです」

求④「両方です」

キ①「そこが大きいですか？」

そして、こうしたやりとりの中で共通して行われるのが、自身のキャリアに対する考え方を客観視するよう促すことであった。

キ⑥「自分を売り込む仕事（を希望する）ってなると営業系と販売系の仕事の要素が強くなってきますけど、それは間違ってないですか？」

求⑬「それはそうです」

（中略）

キ⑥「例えば、Aさんはお客さんのところに全然行ってないけど売れていて結果だしてます、Bさんはお客さんのところに行ってますけど（目標を）達成していないんです。どっちが評価されるべきですか？

求⑬「需要があって売れていることが大事なので、Aさんだと思います」

こうした具体的な事例をもちいた会話を通して、自分の言葉で考えを語る場面をつくり、自分の考えを自分自身に認識させているようだった。そして、自分の置かれている現状や、希望を確認するための対話が展開されていく。キャリア面談によってはもっと踏み込んだ会話がなされていたが、それについては第2節で紹介する。

求人の紹介

キャリア面談は、求人を紹介することを目的としたやりとりである。紹介した求人に求職者が応募し、選考を通過し、内定を獲得し、さらにその内定を求職者が承諾し、入社日を迎えることで、民間企業である人材紹介機関はその目的を果たすことになる。つまりそのタイミングで、採用した会社から人材紹介会社へ、紹介料が支払われるのだ。

さらに、人材紹介会社や契約形態によっては、紹介した人材が転職後早期に退職した場合、紹介会社が採用企業に紹介料を返金しなければならない規定が設定されている場合もある。そのため、人材紹介をビジネスという観点からみても、求職者が転職先の企業で長期にわたって就労することは重要なポイントとなる。

一方で自社の売上につながらないにもかかわらず、「今の会社にとどまることをお勧めします」あるいは、「転職を考え直してはどうか」といった提案をキャリアアドバイザーが行う場面も、観察するなかで見られた。キャリアの選択肢には、新たな職場だけでなく、現職にとどまることも含まれるのである。そうしたやり取りが「求人の紹介」ではなされるのだ。

「求人の紹介」においては、求職者の希望に合致する案件を選び出すことや、合格可能性の高い案件を求職者に紹介することは当然重要なこととなる。しかしそれ以上に大切にされていると感じられたのが、求職者の希望や気にしているポイントにひきつけて案件を紹介し、「なぜこの案件をあなたに紹介するのか」という説明を丁寧に行うことだった。

例えばこんな紹介の仕方だ。

キ①「一番大事にしたことは、マネジメントが早くできること。管理職になりたい、営業職としてのスキルが伸びる、しかも短期商材、というところでご紹介いたしました」

求④「自分の話を聞いていただいて、提案をしていただいてすごくよかったです」

キ⑥「いずれも、結果をだしていれば、マネジメント経験も積みやすい。あと、先ほどまでに話したようなところに関しては満たされるところをだしています。あとB to C[*2]っていうところも気にされていたので、そういう要素を持っている会社もだしています」

キャリアアドバイザーが、単に働く場として求人を紹介しているというよりも、それまでに引き出した希望を実践する場として紹介している、というスタンスがうかがえた。

通常、求人の紹介が1社のみということはなく、複数の求人が一度に紹介されていた。今回の参与観察では平均4社程度が紹介されていたが、本書前半で取り上げた転職者へのインタビューからは、さらに多い数の求人を同時に紹介されている例もあるようだった。

†求職者の希望の確認

1案件ずつキャリアアドバイザーが求人を紹介したうえで、その求人内容に関する感想や、どこに興味を持ったか、質問の有無などを確認し、その場で答えられる質問に対してはキャリアアドバイザーが回答していた。また、求人のなかで求職者が興味を持った箇所については、それまでの会話で見えてきていた求職者の働くことに対する意義づけと、ズレがあるかどうかを確認していた。

求人を紹介した際の求職者のリアクションとして見られたのは、①紹介された求人とその理由に納得し応募する、②紹介された理由には納得するも求人内容に不満があり応募しない、③紹介された理由に違和感があり応募しない、④紹介された理由に納得したかはさだかではないが応募する、の4つであった。

複数の求人を同時に紹介されるなかで、すべてが②、あるいは③となることはほとんどなかった。しかしそうなった場合は、面談のタイミングでは希望に合致する求人がないということで、定期的に連絡をとりながら、応募したいと思う求人が市場に出回るのを待つということを提案される場面も、ごくわずかながら見られた。さらに冒頭に述べたとおり、ヒアリング内容に基づく対話を行った段階で、まだ転職に至るタイミングではないと判断し求人の紹介を行わない、というパターンも少しだが見られた。

紹介する理由に対する納得感や違和感を推し量る方法として、紹介した求人の何の情報に関心を示すかを確認する、という方法がとられていた。求人票を目にした際、これまでの会話のなかで言及していなかった点に求職者が注目するということがあった。その場合、ここまでの会話の中で確認できた希望の他に、あるいはそれ以上の希望が存在するということになる。これは、求職者自身が自覚している場合もあれば、無自覚の場合もある。

例えば次のような場合である。

（それまで営業職、人とのかかわりのある仕事に就きたいという話をしていた）

求⑤「役職とかつけるんですか？」

キ③「そういう職につきたいですか？」

求⑤「いや、つきたくはないですけど、聞いておきたいです」

キ③「組織としては柔軟なので結果をだしていけばなれます。それは、専門的な知識がないままでそういったところになれるか（役職につけるか）不安ってことですか？」

求⑤「そうですね」

こうした場合キャリアアドバイザーは、求職者がその質問をした意図を改めて確認し、新たに言及された希望や条件の優先度を確認していた。

キャリアアドバイザーに対するインタビューからは、それまでの会話で言及された条件と、求人票を見せたときに関心が向けられる点に齟齬《そご》があるという事態は、少なくないということがわかった。その理由としては次のようなことが挙げられた。
「求人票を見ると一気に現実的になり、理想を語ったけど実際は……という本音が見えます」（キ③）
「キャリアアドバイザーとの初めての面談では、候補者も素の本音というよりは、ある程度良いことを話す傾向がある」（キ⑥）
そうした場合キャリアアドバイザーは、それまでの会話の中で特定した希望よりも、紹介した求人において求職者が最も注目した点が、求職者の真の希望であると認識することが多いようだった。実際にインタビューではこんな言葉が聞かれた。
「現実的な一面が求職者の本音であるケースが多く、またそれが長期就業につながる条件であると思いますので、求人票を見せた後に確認された条件を優先します」（キ④）
こうした場合、キャリアアドバイザーが次に行うこととして、求人を紹介した段階で明らかになった希望を元に、再度求人を検索し紹介するという場合と、ヒアリング内容に基づく対話のプロセスを再度行うという場合が見られた。そして多くの場合は、再度の対話が行われていた。
こうしたやりとりを経て応募する企業が決まると、履歴書の書き方や面接の受け答えに関するアドバイスを受けながら、選考へと進んでいくことになる。さらに選考中もコミュニケーションを取りながらキャリアアドバイザーは、内定の獲得、前職の退職交渉を経て入社日を迎えるまで、継続的なサポートをしていく。

ここまでが、キャリア面談におけるやりとりの大雑把な概要である。

2　リスクを縮小するやりとり

キャリア面談を分析した理由は、若者のキャリア形成を支える方法を模索するためだった。そして実際にキャリア面談では、転職者が抱えるリスクの縮小につながるようなやりとりが多く見られた。

キャリアアドバイザーはキャリア面談を通して、求職者の転職先での長期就労を目指しているということはすでに述べたとおりである。それを実現するために行われることが、自身のキャリアを客観視させることであり、求職者が将来歩みうるキャリア、そしてそれに伴うリスクを認識させることである。それが具体的に見られたのは、「ヒアリング内容に基づいた対話」のなかで行われた、「現状に対する危機感の醸成」、「希望を実現するために必要なステップ・手段の提示」、そして「希望の実現可能性の提示」といったやりとりである。ここからはそれぞれのやりとりを具体的に見ていく。

†現状に対する危機感の醸成

転職者は、第2章、第3章で取り上げたインタビュー対象者のように、初職での在職期間が数年間という方々ばかりではない。数か月、あるいは数週間という方も存在する。特にそうした場合には、自身が置かれている状況に対してどのように自己認識しているかが、重要なポイントとなる。

例えば求職者のなかには、就職した企業の労働環境の悪さや、就職前の情報と実態の相違を理由に退職している者もいる。そうした場合、求職者にとって転職はやむを得ない決断かもしれない。だが彼らがいざ転職しようと考えたとき、応募した企業の面接官や人事担当者が、必ずしもそうした事情を考慮してくれる場合ばかりではない。キャリアアドバイザーは、そうした状況をできるだけ実態に即した形で伝えるよう努めていた。求職者が置かれている状況を、本人からの解釈だけでなく、採用者側からの解釈を踏まえて理解することで、自分の置かれた状況を客観的に認識するよう促しているように見えた。

一方、転職を検討している理由や退職の原因が企業側にある場合ばかりではない。その場合は、就労に対する求職者側の考え方を改めるよう導くような場面も見られた。

キ④「うーん、いま話を聞いた感じだと、会社に問題があったのか求⑦さんに問題があったのか判断が正直できないですけど、どうですか？」

求⑦「うーん、両方にあったと思います。認識のずれもあった部分もあったと思いますし、会社にもあると思います」

キ④「求⑦さんとしては指摘に対する認識のずれもあって、うまく対応できなかったみたいなこともあったんですかね？　いま同じ状況になったらうまく対応できそうですか？」

求⑦「そうですね、それは思ってます」

このようにキャリアアドバイザーが、転職希望者自身の働くことや、転職しようとしていることに対する考え方に対して、改めて目を向けさせようとする場面がよく見られた。

そして転職市場、あるいは様々な人が歩むキャリアと見比べたときの自分の状況を認識させ、彼らが抱えるリスクを伝え、キャリア形成に対して合理的な判断ができる状態を作り出そうとしていた。
例えば次の発言からは、そうした意図をもって求職者に接していることがわかる。求職者から「第二新卒って選べる仕事多いんですかね？」という質問を受けた際の回答だ。

キ⑥「見れるのは多いけどなれるのは少ないって感じですね。社会人としての経験が少なすぎて、なんとなくすべての職業が素敵に見えるし、ブラックに見えるんですよ。で、「やりたいことは何？」って聞かれてもわかるわけないんですよ。私もこういう仕事して、「あなたはこういうことやりたいってことは、こういう仕事するといいですね」って明確にはやっぱり言えないです。「こういう部分ではこういったリスクがあって、こういった部分は耐えてもらって」っていう話をしながらキャリアの幅を話していくしかないと思うんです」

求職者が現在置かれている状況とそれに伴うリスクを伝えたうえで、求職者自身が判断できる状態を作り出すことを、キャリアアドバイザーが意図していることがわかる。転職希望者の希望が揺れ動いていること自体を指摘し、認識させるような場面もあった。

求⑬「保守的になるんですけど、こういう経験（劣悪な労働環境に悩んだ経験）もしたんで。安定的に働きたいんですよね。だから法人の方がいいのかなって」
キ⑥「何でそんなに急に変わったんですか？　ここに来た時、販売職がいいって言ってて、いまは法人（営業）じゃないですか？」
求⑬「自分がリアリティちゃんと意識できてなかったっていうのと、話を聞いて自分が何を重要視しているのかっていうのがわかってなかったなって。でもいろんな話を聞きながらそうなのかなって」
キ⑥「なんでわざわざそれを確認しているのかっていうと、自分がそういう話をしたからそうなっているんだなって思ったからなんです。例えば明日販売の話を誰かにされたら販売になびくと思うんですよ」
求⑬「そうですよね。どうしようかな」

こうしたやりとりを通して、自分のキャリアに対する考え方や自身が抱える可能性のあるリスクに目を向けさせるよう導いていた。このようなコミュニケーションでは、求職者がそのままの考え方で転職活動を行った場合に陥る可能性のあるリスクを事前に伝え、危機感を醸成するよう努めているようだった。

こうしたやりとりが、彼らが抱えうるリスクを縮小するきっかけとなる可能性は高い。例えば第4章で紹介した〈ここではないどこかへ系〉転職者が抱えるリスクを縮小する可能性があるだろう。

†希望を実現するために必要なステップ・手段の提示

転職希望者が語る希望に対して、多くのキャリアアドバイザーが行っていたのが、その希望を実現するために必要なステップや、身につけなければいけないスキルを提示することである。もっともそれが顕著に表れていたのが、次のやりとりである。

キ①「海外でリモートのオフィスを持ちたいっていうことですか？」
求⑨「日本で仕事とって海外で働く、そうするとオフィスじゃなくても海見ながらでも仕事できるなって」
キ①「なるほどそれでもいいですよね。で、そのためにはどんなスキルが必要ですか？」

求⑨「ITスキルですね」
キ①「具体化すると？」
求⑨「Javaスクリプト、HTMLとか、スクリプト系ですね。あとは制作の、作る系のスキル」
（中略）
キ①「これができたらそうなれますか？　できるっていうのならそれでいいですよ。「できねぇじゃねぇかよ！」って言うつもりはぜんぜんないんで」
求⑨「はい」
キ①「この辺って今持ってますか？」
求⑨「ないです」
キ①「だとしたら、そういったスキルを身につけていきたいと思っていますっていう話を（選考では）していくと」

このやりとりからわかる通りキャリアアドバイザーは、必要となるスキルをその時点で完璧に持っていることを必ずしも求めているわけではない。若年層の中途採用を行う企業は、求職者の今後の伸びしろや志向性を重視する場合も少なくない。したがって今持っているものではなく、今後持つ可能性があるもの、あるいは仕事に対するスタンスや考え方が選考の基準となることは珍しくない。ここで重要なポイントは、この段階の選考において、何が、どの程度求められるのか、そして企業からの期待に対して不足している部分についてはどのように対処すればよいのかということが、キャリアアドバイザーによって伝えられていることである。

こうしたやりとりを通して、転職希望者は自分の希望を実現するために必要なステップを認識していくだろう。その結果、〈意識高い系〉転職者が蓄積するリスクとして第4章で紹介したような、仕事を通して実現したい希望を実現するために必要なスキルについて転職の面接で気づく、といったことはなくなるかもしれない。

†希望の実現可能性の提示

「希望を実現するために必要なステップ・手段の提示」からさらに踏み込むのが「実現可能性の提示」である。その会話の内容は、どういった企業なら合格するのかということ、あるいは希望の求人に応募した際の合格の可能性といったことにまで及ぶ。

キ①「今の段階で事務がやりたいってなると、大手と上場は△（必須条件から外す）にしてもらって、休暇とか福利厚生とかってなるとそこに関しては大丈夫（希望を叶えられる）です。ただそこ（そのポスト）に対する（選考での）ライバルは1年経験とか（の人になります）。半年で辞めちゃった人採るくらいなら既卒でいいと（なったりもします）。なので今どっちに転ぶかってわからない状況なんです。お話聞く限りこの会社（現職）で3年間やれば、次のステップはうまくいくと思います。ただ、いまの段階だとわからないんです。その大変な会社でよく頑張ったね、うちでも頑張ってくれるねっていう会社もあると。ただそんなに思いがあったのに辞めちゃったの、じゃあここでも辞めちゃうんだねってなる場合もあります。それは受ける会社によります」

求⑧「御社の求人でITのベンチャーとかもあったりしますか？」

キ④「インフラ系はあります」

求⑧「プログラマーはないんですか？」

キ④「いやなくはないんですけど、書類が通るかなっていうところです。受かるかなっていうところが（気になっています）」

転職における希望の実現可能性を、求職者が独自に判断することは非常に難しい。それは求職者が、自身の状況や、自分自身の市場価値を客観的に評価することが難しいからである。例えば前職・現職が他企業からどのように評価されているのかを判断したり、そこで携わっていた仕事の内容や難易度を、自分以外の求職者のそれと比較したりすることは非常に難しい。また希望している求人の中途採用市場における希少性や競争率を求職者が独自に判断することも、ほぼ不可能である。

こうした時にキャリアアドバイザーの知見が活きる。キャリアアドバイザーは毎日多くの求職者と会話することで、多くの転職を疑似体験している。そうした多くの転職者の成功体験、失敗体験から、目の前の求職者が、求職者全体のなかでどういった位置にいるのかを判断し、様々な求人に対する合格可能性を推し量るのである。もちろんその見積もりが絶対ということはないが、求職者本人が推し量るよりは圧倒的に精度の高いものとなる。

一方参与観察をするなかで、難易度が高いことを理由に、無下《むげ》に「その方向はやめた方が良い」というコミュニケーションがされることはほとんどなかった。希望の実現可能性に関するやりとりにおいても、キャリアアドバイザーが確認しようと努めていたのは、希望に対する求職者の意志の強さである。それが明確になると、希望を実現するために必要となるスキル形成に対する熱量も、確認できる可能性は高い。

†働く意義を見出させる

これまで紹介した「現状に対する危機感の醸成」、「希望を実現するために必要なステップ、手段の提示」、「希望の実現可能性の提示」という3つのやりとりでは、求職者自身が自分自身を客観視すること、そしてそのうえで求職者自身が自分で判断することを促すよう、対話がなされていた。

一方で、キャリアアドバイザーが明確な意思をもって、転職者の意思決定や考え方を変えようとするやりとりもあった。例えば次のようなやりとりである。

キ①「正社員になりたいならなってもいいなって思います。お金を儲けたいっていうのもあると思うんですよ。でもフリーターでもできちゃうんですよ。だから目的があった方が進みやすいと思うんですよ。僕自身も持ってほしいなって思っているんですよ。何かその可能性があるかなっていうのありますか？」

求①「コミュニティ（出会える人の量や多様性の幅）が増えるかなって思っています」

キ①「フリーターでは何でできないんですか？」

求①「営業とかやったらいろんな人に会えるのかなって。フリーターだと他の趣味とかでコミュニティを広げることになるけど、正社員なら意図しなくてもコミュニティ広げられるかなって」

キ①「でも同じような仕事だったらフリーターでも広がりますよね。こういうこと考えるのがすごく大切かなって。そうじゃないと辞めちゃうんですよ」

この求職者は、キャリア面談に訪れた際、働く理由に悩み、キャリアアドバイザーからの問いかけには、「世間体」、「お金を稼ぐため」、「周りが働いているから」という様々な理由を挙げていた。そして仕事に対しては「つらい」、「残業が多い」というイメージを持ち、フリーターという選択肢も検討していた。つまり、すでに就労に対して諦めを抱きつつあったのである。キャリアアドバイザーはこの求職者に対し、「そのままいくと転職しても辞めてしまう」、「目的を持って働かないと結局辞めてしまう」という可能性を伝え、働くことに対してしっかり意義づけすることを、意思をもって勧めていた。

また次に紹介する求職者は、「起業がしたい」、「時間と場所に囚われないで仕事をできる環境」に惹かれる、「利益至上主義がいやだ」、「自社の人と一緒に働いて喜びを分かち合ったりしたい」、「最新の技術に触れたい」と、多くの希望をもっていた。しかし、すでに始めている転職活動において困っていることを尋ねられると、「志望動機が思いつかなかったりがよくあります」と答えるなど、様々な希望のなかで揺れているようだった。

この求職者はすでに1度転職を経験し、次が2回目の転職だった。1社目は小規模のIT系コンサルティング会社。退職理由については「その商品に携わる意味が見出せなくなって、もっとお客様の近くで働きたいなって思って。そこから転職活動を始めて、自社商品を持っていて、企画とか携われるところにいきたいなって思っていて」と語っていた。そして2社目は、地方にあるお酒のデザイン加工を行う小売業。そこでウェブサイトの開発を担当するが、それは彼の転職活動中の希望が満たせる環境ではなかった。そして2社目の退職理由は、「田舎でITをやることの意味がないなって。経営を学ぶという面でも学べなくて」と語っていた。典型的な〈ここではないどこかへ系〉転職者と言える。

求⑧「企業が第二新卒に求めるってどういったことなんですかね？　例えば、社会人マナーがあるけど会社に染まってはいないっていうところとか？」

キ④「何かあると思います？」

求⑧「いま言ったようなことしか思いつかないです。マイナス要素の方が多い気がして」

キ④「ほとんどポテンシャルだと思います。例えばいままでの失敗を自分の言葉で表すことができて、まあ覚悟だったりとか、素直さだったりとか、そういったところを見ていますね。メリットとしては若手人材欲しいですという。長いこと働いてもらえる、これから30年40年、長期的に売り上げを伸ばしてくれる人材は、若い人の方がポテンシャルは大きいじゃないですか。確かに社風に合うかっていう部分はあるんですけど、例えば前社8か月で辞めていて、なんで辞めてしまって、そこをどう受け入れていて。まあ素直さですよね覚悟とか。そういうのを今回はどうして変えていくのかっていう、いわゆる軸ですよね。そういうのを見ていると思います」

求⑧の語りからは、様々な希望があり、働くことに対する意欲もあるように見えた。しかし意思決定の基準が定まらず、今後もそうしたスタイルでキャリアを歩むであろうことをキャリアアドバイザーは想定したうえで、「軸」という言葉を用いながら、仕事を通して実現したいことをかためる提案をしていた。

こうしたやりとりは、仕事に対して諦めを抱きつつある求職者を鼓舞し、働くことに対する意義を改めて見出させるかもしれない。

このように、求職者が抱えるリスクを様々な形で縮小するようなコミュニケーションが、キャリア面談には見られた。そうした意味で、キャリア面談は若者の転職者のキャリアをサポートする契機の一つと言えるだろう。

3 長期就労へと導くやりとり

またキャリア面談には、キャリア形成のなかで蓄積しうるリスクを縮小する可能性のあるやりとりとともに、積極的に長期就労を促すようなやりとりもあった。そうしたやりとりのキーワードとなるのが、「意思決定の動機への注目」、「仕事を通した自己実現の重視」、「キャリアコーチング」である。それぞれについて、具体的なキャリア面談でのやりとりや、キャリアアドバイザーへのインタビューでの語りを引用しながら説明していく。

†意思決定の動機への注目

キャリアアドバイザーへのインタビューや求職者とのやりとりの観察を通して強く感じられたことが、転職希望者の、意思決定の動機を重視するスタンスである。つまり、求職者の過去の経験や今後の希望などに対し、「なぜその決断をしたのか」、「どうしてそうしたいと思うのか」という理由が重要視されていたのである。

具体的には、キャリアアドバイザーが求職者にする様々な質問への回答に対して、さらに「理由」や「原因」を問うことで、求職者の意思決定の動機を確認しようとしていた。

キ②「転職の希望としては営業職ですか？」――A
求②「そうです」――A
キ②「できるだけ長い期間お客さんと関われるような？」――A
求②「そうです」――A
キ②「新規営業とかはどうですか？」――A
求②「うーん。どちらかというプッシュ型よりプル型の営業がいいです」――A

（中略）

キ②「営業はなんで（希望しているんですか）？」――B

求②「やったらやっただけ見返りが多いっていうところです」――B

キ②「なんでそこを求めるんですか？」――C

求②「今在職している企業を通してオーダーがもらえたっていうのが喜びで」――B

キ②「見返りっていうのは金銭面ではなく？」――B

求②「金銭面も含めて、です」――B

（中略）

キ②「次の会社に営業で入ったとしても、今の会社と同じようになると思います。そうなった時に変われるのかなっていうのが心配です。営業に対するマインドが気になります」

求②「稼ぎたいっていうか、やりがいっていうか、なんでこの会社に入りたいってなったのかっていうのはあったはずなんですけど、いつのまにかノルマに追われてってなってしまって、やりたいことというか、何で働いているんだっけっていう、元々何を大事にしてたんだっけっていうところが」――C

キ②「そこですよね」――C

このやりとりを通してキャリアアドバイザーは、転職希望者のより深い「動機」に迫ろうとしていることがわかる。やりとりにＡＢＣを振ったが、Ａは何の職を希望しているのかということ、Ｂはなぜその職を希望しているのかということ、そしてＣはそもそもなぜ働くのかということである。Ｃはまさに「働くことに対する意義づけ」とも重なる。

こうしたやりとりにおけるキャリアアドバイザーの意図は、求職者の希望をより精緻に認識し、求職者が本当に望む求人を紹介することである。

例えば求職者が「営業職がやりたい」と言った場合、それだけでは求職者が営業職にどういったイメージを抱いているかはわからない。「新しいお客さんに沢山会いたいから営業職がいい」という場合は「新規顧客を開拓する営業職」を紹介すべきだし、「お客さんと長くお付き合いしたいから営業職がいい」という場合は「既存顧客向けの営業職」を紹介すべきだろう。

あるいは求職者自身が知らない、より希望が叶う職種を紹介できるかもしれない。「仕事によって新たな出会いを創出し、自身の価値観の幅を広げたい」という理由で営業職を希望していたとしたら、社長や経営幹部層、案件によっては人事など、幅広い部署の人と接点を持つ可能性がある、企業向けのコンサルタントだったり、様々な職種の転職の相談にのることになるキャリアアドバイザーなどの職種が、適しているかもしれない。

求職者が本当に望む求人を紹介する理由は、そのプロセスこそが求職者の転職後の長期的で安定的な就労を支えると、キャリアアドバイザーが認識しているからである。

キ⑥「「こういう仕事がしたいです！　紹介してください」という場合、その理由を聞いて、イメージしている仕事内容を聞きます。結構いますよ。コンサルティングとかウェブマーケとか。営業とかもですね。でも仕事内容を聞くと「イメージが違います」っていうことが多いです。そうするとやっぱり（転職後）続かないので、話し合いますね」

このように、より精度高く、求職者の希望に合致する求人を紹介し、そして転職後の長期的安定的就労を導き出すことを目的に、「意思決定の動機」を確認するコミュニケーションが行われていた。

†仕事を通した自己実現の重視

当然だが、「やりたいこと」や「希望」に関するやりとりがまったくなされずに、キャリア面談が行われることはほとんどない。書店で専用のスペースが用意されるほど、転職に関する指南書は昨今豊富に存在するが、その中には「何らかのビジョンがないと失敗する」、「自分のしたいことが決まらないうちに転職するのは危険」といった言葉が並び（エン・ジャパン監修2002、細田2013など）、自己分析をステップに分けた図では「転職の目的をはっきりさせる」ということが最初のプロセスとして紹介されていた（谷所2011）。

観察したキャリア面談においても「やりたいこと」や、「自己実現」といった、まさに仕事を通して実現したい希望に求職者を引き寄せることを意図したキャリアアドバイザーの発言が見られた。

キ①「お金を儲けたいっていうのもあると思うんですよ。でもフリーターでもできちゃうんですよ。だから目的があった方が進みやすい思うんですよ。僕自身も持ってほしいなって思っているんですよ」

キ⑥「最初の仕事の労務環境が悪すぎて、ワークライフバランスを気にしているっていうのは仕方がないですし、それはそれでいいと思うんです。でもそれだけで決めちゃうのはどうなのかなっていうところです」

キ②「金銭面で仕事を選んじゃうと失敗しちゃうんですよ。環境だけで仕事選んでも、変わるんですすよね、上司が変わったりして。だから一つの要素ぐらいに思っといた方がいいんです」

仕事を通した自己実現につながるような目的や、労働環境や給与以外の求人を選択する基準が求められていることがわかるだろう。さらに、今回の転職のためにそうした希望や判断基準を検討するというよりも、連続性（Continuity）を意識した「軸」が求められているのだ。連続性を意識した軸が求められていることは、長期的就労を目的に、軸や目的を設定することの重要性が語られていることから読み取れる。

インタビューを行ったK氏も「相手（キャリアアドバイザー）に整理してもらった」というように、キャリアアドバイザーとの対話のなかで、自身が仕事を通して何を実現したいのかを再検討し、コンサルタントという職種に転職を果たしていた。また、O氏は「ここではないどこかへ」という判断を繰り返してきたことで、就労に対する諦めを抱いていたが、キャリアアドバイザーとの対話のなかで、長く働きたいということ、人事にも興味があり、チャンスがあればそういったキャリアアップをしていきたい、という気持ちを固めていっていた。

こうしたコミュニケーションを通して、転職後の長期的な就労を実現するために、「仕事を通した自己実現」につながるような希望を引き出していくやりとりが見られた。

キャリアコーチング

キャリアアドバイザーが、基本的に、求職者が語る希望、あるいは求職者自身が言語化できていない希望の要素を、過去の経験などから引き出し、そこに引き付ける形で求人の提案を行っていたということはすでに紹介した通りである。そうしたやりとりは、ひとえに求職者自身の納得感のある決断を引き出すためであり、求職者自身の意思に基づく決断が長期の就労を導くとキャリアアドバイザーが考えているからであった。それが、次のキャリアアドバイザーに対するインタビューの内容に顕著に表れている。

「コンサルとコーチングってあるじゃないですか。で、私はキャリアアドバイザーはコーチングだと思っていて、「こうしろ!」ってするのがコンサル、「こういうスキームでやれば成功するから」と。それ（「こうしろ！」ってするの）は楽かもしれないんですが、その人が成長しないんですよね。コーチングは導くんです。「自分で考えなさい、自分のキャリアなんだから。そのためには判断に必要な材料は提示するから」と。で、「どれですか？」と。で「そっちにいったら、こっちにもあるよ、見てください」と。こういうのがキャリアアドバイザーの姿なのかなと、思うんですよね」（P氏）

キャリアアドバイザーはキャリア面談を通して求職者が自分で考えて決めることを導くために、希望を求職者の内面から引き出そうとしているのである。こうした姿をP氏のインタビューに見られた語りから「キャリアコーチング」[*3]と呼びたい。こうしたやりとりは、直接的に長期的な就労を促してはいないが、自分の意思でキャリアを形成するよう促し、また彼らの成長を引き出そうとしているという点で、彼らの長期的なキャリア形成にポジティブな影響を及ぼそうという意図がうかがえる。

ここまでに取り上げた3つのポイントを組み合わせると、意思決定の動機に注目し、キャリアコーチングにより求職者の希望を引き出し、仕事を通した自己実現に求職者の希望を引き付けるよう、キャリアアドバイザーは、キャリア面談を行っているという側面が見えてくる。これらの共通点は、求職者の転職後の長期就労を実現するために、求職者のキャリアを長期的な視野でとらえたコミュニケーションであるということだ。これは、人材紹介機関の目的からすると非常に理に適っている。そしてまた、求職者が得られるメリットも非常に大きいだろう。

4 新たに生まれる課題

メリットが大きい反面、実はキャリア面談には課題もある。その課題は、社会学の領域で行われてきた、キャリア選択における「やりたいこと」に関する研究の文脈で、キャリア面談をとらえることで見えてくる。

†「やりたいこと」を基準にするリスク

ここまで見てきたとおり、今日は、若者の仕事選びにおいて「やりたいこと」や「自己実現」という単語が特に頻繁に用いられる時代である。そうしたなかで、「やりたいこと」を基準にしたキャリア選択」自体をテーマとした研究も少なくない。安達智子（2004）は現代の若者のキャリア意識の特徴として、「適職信仰」「受身」「やりたいこと志向」の3つをあげ、「やりたいこと志向」とは「好きなことや自分のやりたいことを仕事に結びつけて考える傾向」であると述べている。牧野智和（2012）は、現代では、「自己の自己との関係」の技術的調整・変革――「なりたい自分」になる、「自分が本当にやりたいこと」を自分の内面から発見する、自分を習慣づけるといったこと――がそれ自体重要な意味を持つようになった（自己目的化した）と指摘している。

では、若者にとって「やりたいことを基準にしたキャリア選択」にはどういった意味があるのか。

久木元《くきもと》真吾（2003）は、日本労働研究機構が1999年に実施した、フリーターに対するヒアリング調査の記録から、「やりたいこと」という表現には、①仕事が「やりたいこと」ならばやめずに続けることができる、②「やりたいこと」は現在明確でないにもかかわらず探す意味のあるものである、③「やりたいこと」はどこかに実在しており見つけることができる、という3つの特徴的な想定が含まれていることを明らかにした。

そしてこうした想定の意図しない帰結として、①「やりたいこと」への要求基準が厳しいためにかえって見つかりにくくなる、②現実的に「やりたいこと」を続けることが難しくなった場合でも、辞めてしまうと自分自身に否定的な評価を下さざるを得ないため、リタイアしにくくなる、③「やりたいこと」が何かという正解は、本人だけが自分自身のなかに発見できるものとされているため、他者の介入が困難になる、という事態をもたらすということも指摘している。さらに、「やりたいこと」という定型的な語彙によってしか「仕事」や「働くこと」を語ることができない現状は、フリーター以外にも通底する社会の問題であると久木元は述べている。

「やりたいこと」を軸にした仕事の選択は、転職者が転職先を辞めないためには確かに重要である。一方で、やりたいことが見つかりづらい、現実的に継続が難しい状況でも辞めることが困難になる、他者からの介入が難しくなるという弊害もあるということである。

また、ここでも問題の自己責任化の可能性が表れている。苅谷《かりや》剛彦《たけひこ》（２００１）は、「やりたいこと」という言葉を語ることにより、就業選択の問題が個人の内面にのみ関わるものとして描かれ、その結果各人が現実に利用できる資源に差があっても、個人の問題として事態が捉えられ、さまざまな条件の格差を追認することになる可能性がある、と指摘している。また本田由紀（２０１４）も「やりたいこと」を重視することに関して「「自分で自分の道を切り開ける・切り開くべきだ」という思いが、「社会の構造に問題がある」という認識をむしろ抑えるように働いている」と指摘している。

†キャリア面談から自己責任へと続く経路

「やりたいこと」に基づく職探しによるこのようなリスクの構造が、大卒時の就職活動に顕著に現れるということは、第5章で述べたとおりである。「自己PR」や「志望動機」を考えさせることで自分自身は演出、表現、修正可能だと思わせ、そのために努力することを規範化させながら就職活動の結果を個人に帰責させるというロジックがあるのだ。

では、キャリア面談においてはどうだろうか。

森真一は、『自己コントロールの檻』（2000）の中で、「M・フーコーの議論を継承するN・ローズ（*Governing the Soul*）は、心理学的知識を一つの「権力」と捉えて、心理学的知識やセラピーの告白的技法がどのような行為主体を生み出してきたのかを詳細に論じている。軍隊、企業、学校教育、家庭生活へと浸透してきた心理学的知識が、自己監視・自己管理する行為主体を産出してきたというのが、ローズの結論である」と述べている。

第3節を参照すると、キャリア面談は、専門家として存在するキャリアアドバイザーが、情報提供という形で将来の可能性やリスク要因を求職者に伝えつつ、最終的には求職者の主体的な意思決定を引き出すプロセスと言える。そしてその結果として、自らの成長とキャリア形成を自らの責任で引き取らせる。つまり自己監視・自己管理する行為主体を生み出す構図を持っているとも言えるのだ。その意味で、社会学が明らかにしてきた「やりたいことを基準にしたキャリア選択」のリスクに対する指摘が、キャリア面談にも当てはまる。つまり新たな自己責任化の経路を作り上げる可能性を秘めていると言えるのである。

†キャリア面談の二面性

キャリア面談には、転職者が現在置かれている状況や、キャリア形成において抱えるリスクを認識させ、それを縮小していく大きな可能性があった。その意味で、若者のキャリア形成を支える方法に重要な示唆を与えるものだと言える。

一方で裏の面もあった。

転職先での長期就労のために、キャリアアドバイザーは求職者に自らの意思と責任でキャリアを歩む準備をさせる。そのために自分自身がやりたいことと必要な努力を認識させ、望んだキャリアを自らの手で獲得させる。そのプロセス自体が、転職先で働く原動力となり、辛いことを乗り越えながら長期的なキャリアを歩む糧となるのだ。しかし同時に、そのプロセスが彼らを苦しめることにもなりうる。キャリア面談によって引き出された「やりたいこと」に基づくキャリアの先に、自己責任の罠が待ち受けているかもしれない。

これを分かつものはいったい何なのか。最終章となる第7章では、この二面性の問題に向き合った上で、若者のキャリア形成を支えるさらなる可能性を模索するとともに、社会に対する問題提起をまとめていきたい。

＊1 23回のキャリア面談で、登場するキャリアアドバイザーは10名である〔機関a：7名〔キ①～キ⑦〕、機関b：2名〔キ⑧・キ⑨〕、機関c：1名〔キ⑩〕〕。登場する求職者は19名〔機関a：13名〔求①～求⑬〕、機関b：2名〔求⑭・求⑮〕、機関c：4名〔求⑯～求⑳〕〕である。
＊2 Business to Consumer の略。個人顧客を相手としたビジネス。
＊3 JACCA日本キャリア・コーチング協会は、キャリア・コーチングを、「お一人おひとりが自分ならではのキャリアデザインを持ち、さらに行動を変えながら自立的に実現してゆけるよう継続的にサポートするキャリア支援サービスです」と紹介している。

第7章

社会が本当に取り組むべきこと

1　キャリア面談の二面性を超えて

まず第6章で取り上げたキャリア面談の二面性を考えていくために、二つの話をしたい。一つは「やりがいの搾取構造」、もう一つは「ブラック企業」についてだ。

†やりがいの搾取構造

最近、劣悪な労働環境による痛ましい事件が日々起こるなかで、長時間労働が重大な問題としてメディアで大きく取り上げられている。そうしたとき、インターネットやテレビでは、「長時間労働自体が問題なのではない」、「やりがいを持って働いていればいくら長時間の労働でも嫌にはならない」という主張が見られる。そして、そうした意見に共感する人たちも少なくない。

しかし、本当にそうなのだろうか。

「〈やりがい〉の搾取――拡大する新たな「働きすぎ」」（『世界』2007年3月号）のなかで本田由紀は、「やりがいの搾取」という概念を提起している。この概念を参照すると、「やりがいを持って働けば長時間労働も嫌にはならない」という意見の危うさがわかる。自分の好きなことを仕事にし、その仕事にのめりこみながら、働きすぎなほど働き、そして充実感を得る労働者がいる。しかし実際は、経営者側が仕事のなかにしかけるからくりによって若者が巧妙にワーカホリックとなるようになっている。これが、本田が明らかにし、批判した「やりがいの搾取」構造である。

「やりがいがあるから！」といって過重労働を続けるなかで、仕事への対価の大部分を「やりがい」という曖昧なものが占め、生活を支えるための正当な金銭的対価がもらえないことや、劣悪な労働環境を我慢するということが日常化していく。置かれた状況を所与のものとして捉え、その状況のなかでいかに自分が仕事の質を高めるかを考え、努力するようになる。本来、企業はやりがいという目に見えない対価だけではなく、労働環境を整備したり、仕事に対する金銭的な対価を支払ったりすることで、従業員との契約を成り立たせている。それを提供しないことで、企業はコストを削減することができる。そうして「やりがい」は、企業による労働者に対する搾取の隠れ蓑になりうるのだ。

†ブラック企業が生まれる構造

また若者の労働問題に取り組むNPO、POSSEの代表である今野晴貴《はるき》氏は、『ブラック企業』（2012）のなかで、ブラック企業がいかに構造的に生まれているかを明らかにし、「就職活動それ自体が、ブラック企業の戦略を支える役割を果たしている」と指摘している。

自己分析によって自分探しをし、スキルだけではなく性格や人格といったその人の全てを持って面接で自分を売り込み、その結果理由も伝えられずに不合格の烙印を押されるのが、いまの就活で不合格になるということである。自分の内面をさらけ出して、理由もなく「要らない」と言われ続ける辛さは筆舌に尽くしがたい。そして、「何が問題だったのか？」と、自分の悪い部分を自問自答し、正解のない理由探しに悩み続けるのだ。この経験は、根拠なき自己否定につながる。内定を得られなかったことを苦にして自殺する10〜20代の若者の存在も昨今では注目されるが、この根拠なき自己否定はそうした事態にもつながっているだろう。

不合格が続くことで心身ともに疲弊し、面接を受けられる企業が減っていくなかで、

「やりたいことがやれる会社じゃなくても入れればいい」、「どんな条件でも就職さえできればいい」といった気持ちも芽生えてくる。

それでも「やりたいこと」が聞かれる面接においては、それを語れないことは致命傷になる。またその会社の事業にそぐわない「やりたいこと」も合格にはつながらない。その結果、本心かどうかにかかわらず、「御社のこんなところに惹かれていて、入社したらこんなことがやりたいです！」と熱心に語ることになる。それで、なんとか内定を勝ち取ることができるかもしれない。

しかし入社後、その「やりたいこと語り」が自分を苦しめていくかもしれない。第6章で、「やりたいこと」として語ってしまったことは、たとえ続けることが難しくなっても、自分自身に否定的な評価を下したくないがために、やめづらくなるという問題を指摘したが、自ら語ったやりたいことさえできないという自分を、人は受け入れづらいのだ。

内定を出してくれたとき天使のように見えた会社や人事担当者も、入社後「これはやりたいことではなかったかもしれない」と思ったときには、「自分でやりたいと言っていたことさえできないの？　そんなことないよね！」と言って、無理難題を突きつける悪魔となるかもしれない。こうして、自分自身が語った「やりたいこと」と、面接官が受け入れてくれた「やりたいこと」の十字架を背負い、劣悪な環境でも「耐える」道を選んでいく。そしてブラック企業やそこで働く従業員が生まれていくのだ。

†「やりがい語り」と「やりたいこと語り」の二面性

「やりがいの搾取構造」と、「ブラック企業が生まれる構造」の共通点は、一見労働者が自ら望んでいるように見える状態が、彼らの首を絞めていくということだ。いくらやりがいがあるからといっても、いくら就職活動時にやりたいと語っていたからといっても、それを理由に働かせていい時間や労働環境には限度がある。「やりがい語り」や「やりたいこと語り」それ自体も、それを語らずには生きていけない理由があったのかもしれない。給与も低く、厳しい労働環境のなかで、「この仕事にはやりがいがある！」と言葉にすることだけが自分を鼓舞するのかもしれない。やりたいことではなくても「やりたい！」と言わないと、職にさえ就けない現実だってある。

矛盾する認知を抱える状態を認知的不協和と呼び、人はそれを解消するために自身の態度や行動を変更するとアメリカの心理学者レオン・フェスティンガーは考えた。やりがいの搾取構造の渦中にいる若者や、ブラック企業で働く社員も、希望と現実の間にある矛盾に対して、自身の希望を修正したり、後から過去の認識を書き換えたりして、希望を現実にあわせることで、その矛盾を解消し、精神的な安寧を獲得しているのかもしれない。

しかし、現状を受け入れることが必ずしもよい結果を生むとは限らない。時には逃げ出すことや抵抗することだって必要である。そしてそのSOSやアラートを社会が汲み取り、彼らを救う手立てを考えなければならない。彼らの「やりがい」や「やりたい」は、その言葉をそのままの意味で受け取ってしまってよいものばかりではないのだ。

†個人は社会のなかで生きている

こうした議論をしていると、「じゃあ何が〝正しいやりがい〟で、何が〝搾取につながるやりがい〟なのか」、「どれは〝純粋なやりたいこと〟で、どれは〝言わされてブラック企業の温床になっているやりたいこと〟なのか」という問いがでてくるかもしれない。「我慢だって必要だろう！」という言葉もでてくるだろう。

しかし、そういう問題ではないのだ。

問題は、発生した問題を、個人で取り組めることのみで解決しようとしていないかということだ。つまり、過度に自己責任化してはいないかということである。

「やりがいの搾取構造」と「ブラック企業」の問題は、個人では到底取り組みきれない問題によってほとんど決壊しつつある社会というダムにできた穴を、引きちぎれそうになりながら個人が塞いでいる状況の現れなのだ。正当な金銭的な対価の支払いや、健全な労働環境の維持ができないということは、企業としての労働生産性や、社会における人材や資源の配分、そしてもっと大きくは経済成長自体をどのように考えていくのかという問題とつながっている。そうした問題を、やりがいを求める労働者や、やりたいことを語った若者が、文字通り「無理」をすることで、解消しているとしたら。端的に表現すれば、一人の人件費以下の人件費で、一人の労働者以上の働きを個人がすることでこの問題を解決しようとしているとしたら、その社会はもう、社会として破綻していると言わざるをえないのではないだろうか。

大きな構造やシステムのなかで個人は生きている。若年労働者の置かれた状況や抱える苦難は、社会の文脈なしでは紐解けない。個人と社会の関係を見据えた視点で彼らを捉え、社会としてなにができるかを常に考え続けることが重要だというのが筆者の主張だ。個人が努力することが課題解決に向けた一つの糸口になることは間違いないが、それだけに任せてしまうことは、社会の変革を遅らせ、根本的な課題解決から遠ざかることにつながる。

そして何より、その先には個人が押しつぶされる結末が待っている。

これはキャリア面談の二面性ともそのまま重なる。そしてさらに言えば、若者のキャリア形成を社会がどのように支援すればよいのかということに、直接的な示唆を与える。彼らには彼らが頑張るべきポイントがある。長期就労のために努力も必要かもしれない。求職者から主体的な意志を引き出し、自らの手でキャリアを形成していく覚悟を芽生えさせることは重要なことだろう。しかし、若年労働者が働いていくうえで足枷となる社会の問題の解決に取り組むことは、彼らを応援することと同時に、我々一人一人が取り組まなければならない課題と言える。問題の渦中にいる彼らが自分のキャリアに向き合うことで、徐々に社会は変わっていくという目算もあるかもしれない。しかし若者だけを社会変革のエージェントにして応援するだけでは、彼ら自身はいつか潰れてしまうだろう。

2 「できること」を基準にしたキャリア選択

では改めて、社会には具体的に何ができるのだろうか。まずは若者のキャリア形成の支援について筆者の主張を述べたい。それは、「できること」を基準にしたキャリア選択の可能性をひらいていくということである。

これまで見てきたとおり、ほとんどの若者のキャリアの土台には「やりたいこと」や「希望」があった。確かにそれは人を動かす強い原動力となる。しかしながら、「やりたいこと」や「希望」には、その実現可能性の問題や、実現したとしても安定した職がそこにあるのかという問題が常に付きまとう。

一方「できること」を増やすこと、その水準を仕事で求められるレベルにまで高めることは、職に就くことや、安定的な就労に文字通り直結する。

†得意なことを活かすための転職

キャリア面談を観察するなかで、現代のキャリア環境を生き抜く方法を考えるための光明を感じた言葉がある。それはキャリアアドバイザーが、キャリア面談を終えた後に漏らした言葉だった。

「研究所とかの事務とかがいいのかなって、淡々と入力作業とかが得意なんですよ。そういう作業の中で興味がわいていって専門的な知識が芽生えていくといいなって思うんです」（キ⑨）

これは、すでに内定を獲得し、入社意志を固めつつある求職者に対し、内定獲得後もキャリアアドバイザーが継続的に行っていた面談を終えた後での言葉である。キャリアアドバイザーは、入社前のイメージとの齟齬によって求職者が入社後苦しむことを懸念していた。この発言からは、求職者に対して得意領域への転職を勧めたかった意図がうかがえる。

これまで取り上げたキャリア面談は、求職者の「やりたいこと」や「希望」を信頼し、それが実現できる職種や企業を提案することを中心に行われていた。そうしたキャリア選択は、必然的に転職者本人の「やりたい」という感情がすべてを支える基盤となる。

その一方で、「得意なことを活かすための転職」というキャリア選択は、「いまできること」がその基盤となる。この時、「自分がやりたいこと」とは他に、自分ができることで、かつ安定して働ける仕事、という選択肢が新たに生まれることになる。

†スキル獲得のための転職

もちろん、仕事に活かせるレベルの「できること」や「得意なこと」が転職するタイミングにあるとは限らない。そうした場合には、スキルを獲得しやすい転職先を選ぶという選択もありうるだろう。キャリアカウンセラーの一人はこうも語っていた。

「その職場について一つでも武器を持って欲しいんですよ。長けているっていうことではなくてもあれなんですけど、一つでもできることっていう。辞めちゃいけないっていうのではないんですけど、見切りをつけなきゃいけないときもありますけどそれまでには何かスキルを身に着けてほしいなって。今回の（入社が決まっている）ところ、なんとなく一緒にやるところでかなり（精神的に）押される感じはでてくると思うんですよね。3か月はいいですけど、その後「（きっと大変になるって）前言ったでしょ」って言われる姿が見える。そうなったときに自分が何を習得していくか考えられるかっていうところが重要だと思うんです」（キ⑨）

あるいはこんなやり取りもあった。

キ⑦「あとはネットワークですよね。SEってプログラムとかですよね。ネットワークとかサーバとかをやるのがインフラ系です。たまにサーバがダウンしたりとか、ああいうの、障害を直したりとかするのが、インフラエンジニアです。ここと かであれば未経験の文系の方でも入社されて、かつ活躍されているんですけど、どうですか？」

既卒者「そことかは視野に入れてみたいなって思ったりはします」

ここで出てきた求職者は、就職先が決まらない状態で大学を卒業し、それから職を探しているいわゆる既卒者で、本書の対象とは異なる。注目したいのは、キャリアアドバイザーからの提案である。求職者の方は、文系出身で営業以外を希望していたが、ＩＴ系のスキルに関しては知識も経験もほとんどなく、インフラエンジニアに関する会話もこのときまでは一切見られなかった。それにもかかわらず提案されたのがＩＴ系のインフラエンジニアだったのである。

キャリアアドバイザーがインフラエンジニアを提案した理由は、未経験かつ文系出身者であっても活躍している人がいるということ、「研修もしっかりしている」会社もあること、そして次に引用するとおり、スキル獲得の機会があるということである。

キ⑦「インフラを守るっていう仕事なので、残業とかは発生しづらいんですよよ。ただ夜勤とかが発生します。夜勤ってどうですか？」

既卒者「うーん、まぁ仕方がないなっていうくらいですかね」

キ⑦「なるほど。夜勤って新人の人が配属されやすいんですよ。なぜかというと夜勤の時間帯ってトラブルが起こりづらくて、待機の時間が長いんですよ。そこで勉強したりできるんですよ。で、夜勤明けとかは休みに必ずなりますし。

この他にも、希望する職種にかかわらず、ＩＴ系の技術職の求人が紹介される場面が何度か見られた。これに関してキャリアアドバイザーは、インターネットなどをとおして最低限のスキルが比較的容易に獲得できること、仕事をすすめるなかで汎用的なスキルが身につくこと、その後のキャリアアップの可能性が存在すること、求人のニーズが多いことなどをメリットとして挙げていた。

スキルの獲得が可能であることを理由にした求人の提案は、この他にも見られた。

キ⑥「僕としても法人（への営業）の方がいいんじゃないかという提案をしておきます。ワークライフバランスを維持できるんじゃないかっていうところ、あと、もう転職することもそんなにないと思うんですけど、（身につく能力が）比較的汎用的です」

紹介される案件が何かはその都度の状況にもよるが、求職者の希望にかかわらず、スキルが身につきやすいという理由で求人が紹介される場面が見られていたのである。

†能力発揮という欲求

本田由紀は『もじれる社会』（2014）のなかで、「「やりたいこと」の発見は「能力発揮」の前提条件であり、むしろ自分にとって価値があると思える能力を高め具体的な形で外に表し、他者から認められたいという「能力発揮」のほうが、根幹的な欲求であると考えることもできる」と述べている。能力発揮とは、能力を発揮し、それを周囲や社会から正当に評価、承認されたいという欲求である（本田2014）。また、アメリカの心理学者で、組織開発やキャリアを研究するE・H・シャイン（訳書2003）は、自分のキャリアの拠り所となる普遍的な軸（キャリア・アンカー）を探るためには、①「自分は本当は何がやりたいのか」、②「自分はいったい何が得意なのか、何ができるのか」、③「何をやっている自分に意味や価値が感じられるのか」、という3つの問いが必要だとしている。

「得意なことを活かすための転職」や「スキル獲得のための転職」は、「能力発揮」や「自分はいったい何が得意なのか、何ができるのか」ということを重視したキャリアの選択基準と言える。「やりたいこと偏重」のキャリア支援のなかでは見落とされがちだが、こうしたキャリア形成も、当然一つのキャリア形成のあり方である。

†複数の選択肢があることの価値

第6章で紹介した久木元真吾は、2009年3月に実施したインターネット調査[*1]を元に、若者の「やりたいこと」への意識が1999年時点からどう変化したかを分析している（久木元2010）。そこでは、将来への不安がクローズアップされるなかで、「やりたいこと」は、困難な状況を生き延びるという現在の若者たちの課題に対する直接の答えになるとは限らなくなっていると指摘されている。「やりたいこと」を追い求めるだけでは将来をめぐる不安や見通しの悪さを解消することには必ずしもならず、現状を打開する異なる方法が求められているというのである。

もちろん、「やりたいこと」を基準としたキャリア選択が豊かな結果を生むことはある。本田由紀（2014）は、「やりたいこと」にこだわる危険性を指摘しながらも、「自らが専心して取り組む価値があることを見出したいという若者の希求そのものは、無知、絶望、現状満足などとは異なり、世界に対する積極的・能動的なベクトルをはらむものである」と言っている。

しかしこれまでに述べたとおり、やりたいことを引き出すコミュニケーションには効用とともにリスクもある。そして異なる選択肢も求められ始めている。重要なのは、キャリア形成における判断基準や彼らの意思決定の根拠に、複数の選択肢が用意されていることだと筆者は考える。

「やりたいこと」に過度に偏らせることなく、「得意なことを活かすための転職」や「スキル獲得のための転職」といった選択肢を広げることは、社会における支援の幅を広げることにもなる。まず、「得意なことを活かすための転職」であれば、得意なことを活かせる仕事を提案すること、そしてその得意なことを伸ばすための支援をするということが、社会ができることとして考えられる。また「スキル獲得のための転職」においても、今後も人材としてのニーズが減っていかない職種、増えていくような職種に必要となるスキルの獲得を支援したり、そうしたスキルが身につく職種を提案するといった支援が考えられるようになるだろう。さらに、「スキル形成」に注目することで、支援の幅はもっと広がっていく。そしてこれは、実は社会課題に取り組むことにもつながっていく。

3　人材育成なき働き方の多様化などありえない

†日本の人材育成に山積する課題

福祉国家研究を行うイギリスのテイラー゠グッビィは、ポスト工業社会の福祉国家において、社会経済の構造が大きく変わるなかで、「新たな社会的リスク」が到来すると考えた。そのリスクとして、「家族や性別役割分業の変化」に関する課題、「福祉国家の変化」に関する課題とともに挙げたのが、必要なスキルの欠如やスキルを向上させる機会の喪失など「労働市場の変化」に関する課題である（Taylor-Gooby, 2004）。この指摘は日本の人材育成にも通じており、日本においては特に課題が山積していると言える。

セーレン（２０１４）は先進国各国のＶＥＴ（Vocational Education Training: 職業教育訓練）システムを、職業教育訓練への国の関与の程度、就労初期における企業の関与の程度によって分類している。その分類で日本は、公的関与が少なく、企業の関与が充実している分節主義に分類されている。つまり職業に関する教育に国は関与せず、企業が担ってきたということだ。日本人の感覚からするとそれは至極当然のことのように感じられるかもしれない。だがそれは、労働者が企業のメンバーとして雇用され、会社の指示で仕事内容や労働時間、勤務場所を無限定的に変えられてしまう日本固有の雇用慣行（メンバーシップ型雇用慣行）を前提としてきたからである。この雇用慣行では、メンバーである労働者は企業のなかで育てることが当たり前だったのだ。しかし海外に目を向ければ、様々なスタイルがある。企業が人材を雇うからといって、必ずしもその企業のみが人材育成の機能を担う場合ばかりではないのだ。

そしてこれまで述べてきたとおり、日本の企業には人材育成にかける時間的金銭的余裕がなくなってきている。今まで人材育成を一手に担ってきた企業でさえ、その役割を担わなくなる、担えなくなる方向に進んでいるのだ。では一体誰がその役割を担うのだろうか。

またOECDは学校での学習と労働の組み合わせによって、加盟国を四つに分類している（OECD編2011）。大学までで学び、一度就職してからは仕事に従事し続けるのが日本では一般的だが、この点においても世界には様々なスタイルがある。日本が含まれる「まず勉強それから仕事」モデルは、①学校から職業へスムーズに移行できない若者を生みやすい、②入職のための試行錯誤が許されない、③学び直しや職業資格を取るための時間をとることが不利な結果を生みやすい、という課題が報告されている。一度働き出した後に学び直す、スキルを形成し直すという選択肢についても考える必要がありそうだ。

さらに、社会保障制度の問題もある。小‐中‐高‐大‐就職と途切れることのない移行を歩み、そして就職した会社で一生働きぬくという、いわゆる旧「標準」型のライフコースを当たり前のものとして捉えてきた日本には、それ以外のライフコースを辿る層への社会保障が十分に整備されていないという課題がある。旧「標準」型のライフコースを進む人々は減少し、それ以外のライフコースを辿る層が増加してきている。そのなかで、旧「標準」型のライフコース以外のライフコースを辿る層への社会保障をどうしていくのかということも、すでに目の前につきつけられた、考えなければならない課題なのである。

†現代の生存戦略としての転職

つまり現代の日本は、スキル形成や人材育成、社会から受けられる保障の不足など、人が学び、働き、そして生きていくうえでの課題が山積みの状況である。

鈴木宗徳（2015）は、ベックがあげた近代化による個人化の特徴の一つとして「ライフコースが脱標準化／多様化することによって、自分のバイオグラフィーをそのつど自分自身で再帰的に設計しつづけなければならなくなる」と述べていた。ここで言うバイオグラフィーとは自分の人生の物語のようなものである。ポスト近代においては、自分の責任の元、様々な場面で判断を強いられながら、常に自己を形成しつづけることが求められているということは第5章でも触れたとおりだ。

その意味では、転職したり、自律的キャリア化するということは、自身のバイオグラフィーを自分自身で設計しつづけるという負担を背負いながらも懸命に生きようとする、現代の生存戦略の一つなのかもしれない。

そのなかでスキルの形成も必要となるわけだが、そのための機会は喪失しているというのが、今日の労働者の姿と言える。そうしたなかで、本書で取り上げてきた若者たちは、社会的な要請を受けて自律的キャリアを歩んでいる。そして自律的キャリアを歩む若者たちが、社会からの支援を受けづらい状況にいるということも、確認してきたとおりだ。

もし、こうした厳しいキャリア環境を生き抜くための戦略として、転職や自律的キャリアを若者が見出してきたとしたら、社会は彼らにスキル形成の機会をいかにして再び届けられるのかを考えるべきではないだろうか。

そしてこの問題に取り組むことはすなわち、人材の育成の役割を国家も積極的に担っていくのか、異なる方法を模索するのか。働き始めた後の学び直しはどうするのか、国として支援していくのか。多様化したライフコースを前提とした社会保障の設計はどうするのか、その財源はどこから捻出するのかといった、先に取り上げた日本が抱えている大きな課題に取り組んでいくということを意味するのである。

†世界のベタープラクティス

具体的な方法に関して言えば、考えられる対策がまったく見当たらず八方塞がり、というわけではない。外国に目を向ければ、様々な支援の取り組みが存在する。セーレン（2014）の分類を見てみると、ドイツ、オーストリア、スイス、オランダ、デンマークといった国々は、VET（Vocational Education Training: 職業教育訓練）システムへの企業からの関与も国からの関与も充実している（集産主義的、企業ベース）。企業からの関与は少なく、その役割を国が担うスタイルをとっているのが、フィンランド、ノルウェー、スウェーデン、フランス（集産主義的、国家ベース）である。くり返しになるが、日本のように企業のみが人材の訓練をする場合ばかりではないのだ。そういった仕組みから学べることは少なくないだろう。ちなみにどちらも低く、まさに自分の力でスキル形成しなければならないのが、アメリカやイギリスだ（自由主義）。

また、OECD編（2011）の分析では、「働きながら年長まで勉強」モデル、「働きながら勉強」モデル、「実習制度」モデルに分類される各国の15〜29歳の雇用者のパフォーマンスは概ね良好であるという研究結果も明らかにされている。[*2]働き始めた後に学び直しができる国や、学びながら働ける国の制度や考え方を取り入れるのも良いかもしれない。

さらに具体的な施策として、労働者の労働市場への参入を支援する、積極的労働市場政策というものもある。労働者、あるいは失業者に対する職業訓練や教育、職業紹介を行い、雇用主には労働者雇用に関する助成金を支給することで、就労可能性を高めるのである。

デンマークでは、この積極的労働市場政策と、雇用契約の多様化などをさす柔軟な雇用（Flexibility）、そして手厚い失業補償（Security）を持つ労働市場政策を「フレクシキュリティ政策」と呼んで1990年代から導入している。これは国と企業が協力して、つまり社会全体が、人材の育成やキャリア形成を支援する責任を負うスタイルである。

こうした取り組みに完璧はない。しかし、各々の地域の状況や資源を踏まえて、あるいはよその国の施策も参考にしながら、課題に対する検討を繰り返し、知恵をしぼり議論し続けてきた先に捻出した世界のベタープラクティスと言えるだろう。もちろん、国によって人口や産業構造、文化的背景や地理的な問題など様々に条件は異なるため、そのままの形で取り入れることは難しいかもしれない。それでも議論を前に進めるための材料は世界中にたくさんあるのだ。

†進まない議論

しかし日本社会では、その方向に議論が向かってさえいないというのが現状だろう。

宮本みち子（2013）は「日本の若年労働政策は、労働を通した福祉の実現（ワークフェア）でも労働市場へ参入するための活性化（アクティベーション）でもない状態にあると判定するべきであろう」と述べている。

また加藤弘通（2008）は国が推進する若者自立支援政策を取り上げ、スキル形成に関する議論がなされずに、若者のキャリア意識を変容させることで企業に適応させようとしているということを指摘し、「極端な言い方かもしれませんが、過労死（業務起因性精神疾患自殺を含む）を生み出すような労働の現場に、若者がいかにして自分を変えて適応するかを勧奨しているようなものです」と批判している。この指摘は、本書が第5章などで述べてきた、社会が現在のキャリア環境を所与のものと捉え、それに対してキャリア観を変容させ、対応することが若者に求められているという指摘とも同根のものである。

つまり若者を労働市場に参入させるための支援がなされていない、されていたとしても彼らの適応のみによって労働市場への参入の促進を実現しようとしているというのが日本の現状である。

†低い公教育費負担、少ない子育て世代人口

そうした状況は、日本における若者の置かれた状況の厳しさにも起因している。例えば人材育成に対する関心が低いということは、国家の公教育費負担に最も顕著に表れている。日本は政府総支出に対する学校教育費の比率がOECD加盟国中最下位クラスだ（平成25年度版教育指標の国際比較において平均13・0％に対し、日本は8・9％で最下位）。

その背景の一つには、少子高齢化が進むことで、子どもを持つ世帯数がどんどん減っているということがある。内閣府のデータによれば18歳未満の未婚の子どもがいる世帯は、1986年に46・2％だったのが、2013年には24・1％にまで減少している。こうした状況においては、学校教育や若年層が抱える課題に対する国民からの関心は低下する。その結果、そうしたことに関わるテーマを政治的アジェンダとして掲げることが、政治家

にとって合理的ではなくなっているのかもしれない。そして社会からの関心がさらに低下するという負のスパイラルに陥り、どんどん関心は薄れていく。

†ソーシャルインパクトボンド

一方で、若者への支援が、経済的には合理的であるという研究もある。

18歳の若者に対して2年間にわたり計458万円の就職支援をし、その人が20歳から64歳まで仕事をした場合、税収増や支出削減によって最大7000万円から1億円のメリットが生じると、阿部彩は推計している（「ナショナルミニマム研究会第10回配布資料」）。こうした、社会的な課題の解決を図るとともに、経済的な利益を追求する投資行動は、ソーシャルインパクトボンド（社会的インパクト投資）と言われ、昨今注目され始めている。

筆者はソーシャルインパクトボンドという考え方に対して一抹の不安も感じている。「投資」という考え方には、効率的に、それこそリターンの大きい投資先を探し、コストパフォーマンスを最大化するという思想が含まれるため、限られた資源をどう配分するかという議論になる可能性がある。そうなったとき、ソーシャルインパクトボンドの考え方を用いて、「効果の見えづらいものへの投資の削減」が行われる可能性は往々にしてある。

正解のない時代と言われるなかで、どんな人材を育てることが合理的かは判断しづらい。だからこそどんな人材育成が合理的なのかということを検討することも容易ではない。もしかしたらすぐに成果が見えなかったり、成果に対する支援の効果が見えづらいことで、人材育成への投資がカットされる可能性もあるだろう。

しかし、社会が存続していくことを望むのならば、未来への投資、すなわち人材、教育への投資を避けては通れないことは、誰もが納得せざるを得ないことではないだろうか。

また昨今、「働き方改革」に関する議論が非常に活発だ。女性の活躍推進や定年後の再雇用、副業解禁といった具体的な方策も出てきている。こうした方策は、本来は一人分の仕事ができるのにその機会が提供されていない人材や、一人分以上のパフォーマンスを発揮できる人材に、今以上の活躍の場を提供しようという方策と言える。この時、彼らが一人分の仕事、あるいは一人分以上の働きができている理由を同時に考えておくべきだろう。つまり、活躍できる人材や、複数の企業で同時にパフォーマンスを発揮できる人材は一朝一夕にも、自然発生的にも生まれてはこないのだ。いま活躍できる人材に対していかに効率的に活躍の場を提供できるかという議論だけではなく、そういった人材が今後も生まれ続ける方法も同時に考えなければならないはずだ。

労働力人口の減少が免れない高齢化社会のなかでやるべきことは、限られた財源を今起こっている課題にまわす対処療法ではなく、若者を自己責任の元に切り捨てるのでもなく、10年後20年後を見据えて彼らが安定して働けるような社会、働けるようになる社会をつくることではないだろうか。そうやって前の世代から次の世代へと送られてきたものがこれまでもあったはずだ。目に見えやすいデータや近視眼的な合理性にとらわれることなく、建前ではない真の持続性や、失ってはいけない価値は何かということを考えながら、アジェンダを設定していかなければならないのだ。

†分断線を超えて

財政社会学などを専門とする経済学者の井手英策らによって編まれた『分断社会を終わらせる』（2016）のなかで日本は、自分とその家族の生活を豊かにするために「自助努力」と「自己負担」を行う「自己責任社会」であると言われている。そして、「自己責任社会が問題なのは、「成長の行き詰まり」が「生活の行き詰まり」と直結してしまう点にある。よく成長神話と言われるが、神話の誕生は、成長がなければ人間らしく生きていけない社会を私たちが作ったことの必然的な帰結だった」と井手は説いている。

このままの状態が続いた場合、日本に右肩上がりの経済成長は見込めないだろう。そうしたなかで、いかにして人間らしく生きていくかを考えなければならないのだ。そのためにも、少子高齢化、人口減少の今、将来世代も含めたすべての人にその能力を発揮できる環境の整備が必要となる。その時に、社会の課題を解決するための打ち手として、人材の育成やスキルの形成の必要性が浮かび上がるのだ。その先にやっと、財政の健全化や経済成長があるのだ（それを積極的に望むか望まざるかは別として）。

そして井手ら（2016）は、福祉国家が「だれもが直面しうるリスク」を共有することで成り立ってきたという前提のもと、「財政には限りがあるから、支援を本当に必要とする人にだけ財源を投入しよう」という考えにも警鐘を鳴らしている。なぜなら、支援を本当に必要とする人を判断することは真の意味では不可能だからだ。つまり、いかなる人間においても未来の予測など不可能なのだ。そんななかでリスクを分散し、負担を分かち合う必要がある。そのためにこそ社会があるのだ。

それを阻害しているのが社会の分断である。「一億総中流」と言われた時代は終わり、日本には様々な分断線が存在する。世代もその中の一つの、そして重大な分断線だ。各世代が異なる時代を生き、異なる未来を想像して生きているのが今日の社会だ。そんななかで、財源を分配する役割の年配世代が、若者世代の生き方や価値観、キャリア形成において抱える不安やリスクを想像できないことはいたしかたないことだろう。

だからこそこの本を書いたのだ。

労働市場の流動化と、残存する日本型雇用慣行の葛藤の狭間にいる若者たちが、今どういった状況に置かれていて、どういったリスクを抱えていて、どういった支援が必要なのかを認識していくことが、まず何よりも重要である。そしてその視線は、非大卒層や非正規雇用層だけではなく、未来へのリスクを蓄積している大卒層や初職が正社員である層にも向けられるべきである。

もちろん、本書で取り上げてきた、若者のキャリア形成に関する問題を解決するためには、財源の問題や実際に誰が支援を行うのかという問題を乗り越えなければならない。具体的な対策として取り上げた「できることを基準にしたキャリア形成」には、スキルの形成が必要となる。このスキル形成一つとったとしても、今後求人のニーズが発生していく産業において必要となるスキルを想定し、そのスキルが伸びるような支援環境を整えていくことが求められる。さらに、支援を行ったとしても働き口が存在しない限り、当然働くことはできない。そして働き口を増やすためには企業ないし産業の成長が不可欠となる。

そうなると新たな産業の創出や、イノベーションをいかに起こしていくのかということも含めて検討していく必要が出てくる。検討すべき課題は決して少なくも易しくもない。

だからこそ、多くの人がこの問題に目を向け、それをきっかけにして、社会の問題の原因を個人に求めるのではなく、社会構造のなかでとらえ、すべての人が問題の当事者として、社会は何ができるのかを考えていくことが急務なのではないだろうか。

すべての人が未来を創る当事者であるという認識を、分断線を超えて拡げていくことが何よりもまず不可欠なのである。

＊1　対象は東京・神奈川・埼玉・千葉の各都市に、在住の25～39歳の未婚男女２４７１名（男性１２３５名、女性１２３６名）

＊2　「働きながら年長まで勉強」モデル（北欧諸国（スウェーデンを除く）、オランダ、スロベニア）、「働きながら勉強」モデル（アングロサクソン諸国（オーストラリア、カナダ、ニュージーランド、イギリス、アメリカ）とスウェーデン）、「実習制度」モデル（ドイツ、スイス、オーストリア）

おわりに——もう一つの結論

有楽町の居酒屋でこの本の内容を同い年の友人に話したことがあった。彼からは、「なるほどね！　社会をそういう風に見たことはなかったわ。それで、俺はその本を読んでどうすればいいの？」という言葉が返ってきた。彼は転職者ではない。今のところ誰かのキャリアを支援するようなこともない。つまり、本書にでてくる登場人物からは非常に遠いところにいる。本書を読まれた方のほとんどは、僕の友人と同じ立場にいるのではないだろうか。

僕は、彼のような立場の方にもぜひ読んでもらいたいと思って、この本を書いた。

いまの日本社会に対して、「なんかきな臭い」と多くの方が感じているのではないだろうか。ニュースを見れば誰しもが問題意識を語り、誰かの責任を糾弾している。その一方で、それは実際の行動や変革には結びつきづらい。そして日々は過ぎ、静かに、しかし確かに、取り返しのつかない状況になっていっている。

それは何故なのか。我々には何ができるのか。

本書の第4章、第5章を読んで、釈然としない気持ちになられた方も少なくないのではないかと思う。もしそうならば第7章第1節でそのモヤモヤは最高潮に達したのではないだろうか（そんななか、最後まで読んでいただき本当にありがとうございます！）。

しかし、そうなのだ。社会は、人間の感覚では追いつけないほどにつながっている。誰かが自己啓発を奨励することが、歪んだ自己責任をほんのすこしだけすすめ、その集積によって誰かを苦しめるかもしれない。〝自分らしいキャリア〟を歩む若者を称えることが、彼らのキャリアの先にあるリスクを不合理に自己責任化させるかもしれない。とてつもなく大げさに聞こえるかもしれないが、無意識が、少しずつ社会の分断を深め、厳しい境遇にいる誰かを追い詰めていく。

そう思ったのは、僕自身がある構造を無意識に全力で再生産していたことに気づいたからだった。

僕は新卒で入社したリクルートで、企業の中途採用を支援する部署に配属された。そして、「自分らしいキャリア」、「本当にやりたい仕事」、「仕事による自己実現」、多くの人がこんなことを実現できるようにと思い、転職市場の活性化に努めた。そして「もっと多くの人が〝自分らしいキャリア〟を生きられるように教育を変えなければ！」と思い、大学院への進学を決めた。「自分らしい自律的なキャリア」の価値を無邪気に信じていたのは他でもない僕自身だったのだ。

そして大学院で、ことはそんなに単純ではないということに気づいた。もっと正確にその時の気持ちを言葉にするとしたら、自分が幸せにしたいと思っていた人をむしろ苦しめてきたのかもしれないと、自分の無知と無責任さに衝撃を受けた。本当にそうだったのかは今でもわからないが、構造を再生産していることに無意識だったのは間違いなく事実だ。

その経験を経て世の中に目を向けてみると、何かに対する部分最適が、大きな構造を介して誰かを苦しめているということがあまりにも多いことに気づかされた。

そして、そのプロセスにはどこにも悪意がない。誰も、誰かを苦しめようと思っているわけではない。見えている世界のなかで、いまを少しでも良くしようとみんな必死に生きている。

では、どうすればよいのか。すべての判断の結末を考え抜き、責任の範疇を認識した上で取捨選択すればよいのか。

そんなことは不可能だ。

本書の後半では「社会の責任」ということを繰り返し述べてきた。では日本社会が、責任に対して無頓着かと言われればそうではないと思っている。むしろ「責任」ということに非常に敏感だと思っている（責任感がなさすぎる！　と思うことも少なくないが）。

そしてこの責任への敏感さが、当事者意識を阻んでいるとも思うのだ。「始めたことだからやり抜く」、「責任を持てないならそもそもやるべきではない」。どちらも立派な考えかもしれない。でも本当に大切なのは、明るい未来をみんなで創っていくことだ。

未来を創る当事者意識を持つことを、「誰かが始めた何か」や、「今ある何か」への責任感が邪魔し、がんじがらめになるのであれば、そんなもの捨ててしまえばいいと思う。そのとき実は、「社会構造」はとても便利だ。無意識に加担してしまったことへの責任は、社会構造をスケープゴートにして、もっと直接的に言えば規範や印象や慣習のせいにして、気づいた瞬間から未来を創る当事者意識を持つことはできないだろうか。こんな複雑で繋がりあった世界においては、それぞれがその時、その瞬間の気づきを大事にすることが大切だ。その瞬間から始められることがきっとあるはずだ。そしてとってもありきたりだが、互いが互いの違いやありのままを認めあうことがやっぱり何より大切なのだと思う。その先にはきっと、誰かに求められるものではない〝自分らしいキャリア〟もあると思うのだ。これが「おわりに」に記したい僕のメッセージである。

本書で僕がやりたかったのは、社会構造と意思との関係を紐解くことだった。この問題に向き合った先でこそ、このメッセージをきちんとに語れるのだろうと思う。しかしまだまだ道半ばだ。「意思の不可能性」や「責任の虚構性」にもこれから向き合わなければならない。それでも、過去を乗り越えて未来に向かう何かを、最後に提示したいと思った。

この本は、学術的に見てもまだまだ甘い部分が多く、さらなる検証が必要なことは十分承知している。批判もたくさんあるだろう。それでも、本書で明らかにしてきたことと、この最後のメッセージが、若者のキャリアに目を向ける人を増やし、何かの気づきとなり、誰かが社会の問題に向き合うためのきっかけになったらと心から思う。

本書は、東京大学大学院に提出した修士論文「若年層の自律的キャリアに関する実証的研究――大卒20代を対象にした転職者インタビューとキャリア面談を題材に」を大幅に加筆、修正したものである。僕が修士論文を書き上げることができたのも、こうして出版する機会をいただけたのも、担当教官である本田由紀先生のおかげである。「個人の意志と努力」を盲信していた僕は、教育社会学を志す学生として無知で非常識な劣等生だった。それにもかかわらず熱心に指導し続けていただいたおかげで、「意思と社会構造の関係」への探求を始めることができました。「重要で意外な関連性を探せ！」という先生からの命題に答えられたとは到底思えませんが、この恩をこれからしっかり返していけたらと思います。また仁平典宏准教授にも感謝の気持ちを伝えたい。新書として加筆修正する際には仁平先生の授業での学びが大変役立ちました。もちろん、東京大学比較教育社会学コースの教授、スタッフの皆さん、そして同期や先輩方にも大変にお世話になった。この場でお礼を言いたい。

前職のリクルートや今勤めている教育と探求社の皆さんにも心から感謝している。この本のなかで、皆さんから学んだことを少しでも表現できていたらいいなと思う。

また、各章の扉に素晴らしい写真を提供してくれた苅部太郎くんをはじめ、多くの同世代の友人が本書の出版に協力してくれた。きっと彼らは自分の力で名をとどろかせていくだろうから、ここで一人一人の名前を挙げることは控えるが本当に心から感謝している。

そして筑摩書房の河内卓さんにも心から御礼を言いたい。執筆者としての僕は学生としての劣等生ぶりの何倍も劣等生だった。頑固で不器用な僕に丁寧にご指導をいただき、やっと出版にたどり着くことができました。最初に出す本の担当者が河内さんだったことを、僕は生涯忘れずに、感謝し続けることと思います。本当に有難うございました。

誰よりも感謝を伝えたいのが、調査に協力してくれた同世代の転職者とキャリアアドバイザーの皆様だ。自分の意志と今日のキャリア環境に真摯に向き合い、自分らしいキャリアを生き生きと歩む同世代の調査協力者が「本当は不安だらけなんだけどね。でも自分で選んだんだから仕方ないよね」と漏らしたのを僕は忘れることができない。彼らの存在が常に僕を鼓舞してくれた。なんとしても彼らの〝いま〟を社会に届けたいと思った。

本書を通して、彼らの不安や葛藤が、社会の構造を介して、少しでも減らせることができたらと思う。

最後に、家族とすべての友人に感謝して、本書を終えたいと思う。

主要参考文献

安達智子（２００４）「大学生のキャリア選択――その心理的背景と支援」『日本労働研究雑誌』５３３号、27‐37頁
荒川歩・安田裕子・サトウタツヤ（２０１２）「複線経路・等至性モデルのＴＥＭ図の描き方の一例」『立命館人間科学研究』25、95‐１０７頁
井手英策・古市将人・宮崎雅人（２０１６）『分断社会を終わらせる――「だれもが受益者」という財政戦略』筑摩選書
乾彰夫（２０１３）『高卒5年 どう生き、これからどう生きるのか――若者たちが今〈大人になる〉とは』大月書店
岩井八郎（２０１１）「学歴と初期キャリアの動態――戦後日本型ライフコースの変容」石田浩・近藤博之・中尾啓子編『現代の階層社会２ 階層と移動の構造』東京大学出版会、２０５‐２２２頁
浦坂純子（２００８）「誰が雇用を流動化させるのか――Job-Hopper の実証分析」阿形健司編『働き方とキャリア形成――２００５年ＳＳＭ調査シリーズ４』２００５年ＳＳＭ調査研究会、37‐65頁
エン・ジャパン監修（２００２）『成功する最強の転職 実践ガイド』高橋書店
ＯＥＣＤ編（２０１１）『日本の若者と雇用――学校から職業への移行を支援する』明石書店
大久保幸夫（２００３）「若年雇用に迫る暗い影」市川伸一編『学力から人間力へ』教育出版、23‐34頁
太田聰一（２０１０）『若年者就業の経済学』日本経済新聞社出版
加澤恒雄（２００３）「職業（進路）指導の実践活動」柴山茂夫・甲村和三編『キャリア・ガイダンス――進路選択の心理と指導』学術図書出版社、１５７‐１７７頁
加藤弘通（２００８）「格差社会における若者の〈自己実現〉――「働けないこと」の心理学序説」都筑学編『働くことの心理学――若者の自分さがしといらだち』ミネルヴァ書房、１００‐１２０頁
苅谷剛彦（２００１）『階層化日本と教育危機』有信堂

苅谷剛彦・濱中義隆・千葉勝吾・山口一雄・筒井美紀・大島真夫・新谷周平（２００１）「ポスト選抜社会の進路分化と進路指導」『東京大学大学院教育学研究科紀要』第41巻、１２７-１５４頁

川﨑昌・高橋武則（２０１５）「質問紙実験によるキャリア自律支援施策の検討」『目白大学経営学研究』13、21-45頁

菅野和夫（１９９６）『雇用社会の法』有斐閣

木下康仁（２００３）『グラウンデッド・セオリー・アプローチの実践』弘文堂

久木元真吾（２００３）「「やりたいこと」という論理――フリーターの語りとその意図せざる帰結」『ソシオロジ』第48巻2号、73～89頁

――――（２０１０）「「やりたいこと」の現在」小谷敏・土井隆義・芳賀学・浅野智彦編『若者の現在 労働』日本図書センター、１１７-１４８頁

熊沢誠（２００７）『格差社会ニッポンで働くということ――雇用と労働のゆくえをみつめて』岩波書店

玄田有史・中田喜文編（２００２）『リストラと転職のメカニズム――労働移動の経済学』東洋経済新報社

國分功一郎（２０１１）『暇と退屈の倫理学』朝日出版社

今野晴貴（２０１２）『ブラック企業――日本を食いつぶす妖怪』文春新書

佐藤博樹・大木栄一編（２０１４）『人材サービス産業の新しい役割――就業機会とキャリアの質向上のために』有斐閣

佐藤嘉倫（２００９）「現代日本の階層構造の流動性と格差」『社会学評論』59（4）、６３２-６４７頁

下村英雄（２００８）「最近のキャリア発達理論の動向からみた「決める」について」『キャリア教育研究』26（1）、31-44頁

鈴木宗徳（２０１５）「ベック理論とゼロ年代の社会運動」鈴木宗徳編著『個人化するリスクと社会――ベック理論と現代日本』勁草書房、1-24頁

高橋俊介（２００２）「自律的キャリア形成の実態と課題――経営の視点と個人の視点を統合したキャリア自律概念」『ＣＲＬ　ＲＥＰＯＲＴ』1号、15-35頁

――――（２０１２）『21世紀のキャリア論――想定外変化と専門性細分化深化の時代のキャリア』東洋経済新報社

常見陽平（2012）『「意識高い系」という病――ソーシャル時代にはびこるバカヤロー』ベスト新書
豊田義博（2010）『就活エリートの迷走』ちくま新書
中澤渉（2008）「若年労働市場の流動性とは――生存分析アプローチから」佐藤嘉倫編『流動性と格差の階層論――2005年SSM調査シリーズ15』2005年SSM調査研究会、113-131頁
永沼早央梨（2014）「高スキル労働者の転職行動」『日本銀行ワーキングペーパー』14-J-3
長山靖生（2004）「「決められない」という病理」『GYROS』8号、勉誠出版、118-127頁
ナショナルミニマム研究会（2010）『ナショナルミニマム研究会第10回資料』
西村幸満（2003）「首都圏の転職市場の実態と人的資本の効果――人的ネットワークと職業横断性に注目して」平田周一・渡辺深・西村幸満『転職のプロセスと結果』日本労働研究機構
日本経営者団体連盟（1995）『新時代の「日本的経営」――挑戦すべき方向とその具体策』日本経団連出版
芳賀学（1999）「自分らしさのパラドックス」富田英典・藤村正之編『みんなぼっちの世界』恒星社厚生閣、19-34頁
樋口美雄（2001）『雇用と失業の経済学』日本経済新聞社
平田周一・渡辺深・西村幸満（2003）『転職のプロセスと結果』日本労働研究機構
藤本昌代（2008）「転職者と初職継続者の職業達成の比較」阿形健司編『働き方とキャリア形成――2005年SSM調査シリーズ4』2005年SSM調査研究会、1-19頁
細田咲江（2013）『転職 書類――WEBフォーム、履歴書、職務経歴書、添え状の書き方』すばる舎
本田由紀（2005）『多元化する「能力」と日本社会――ハイパー・メリトクラシー化のなかで』NTT出版
――（2007）「やりがいの搾取――拡大する新たな「働きすぎ」」『世界』2007年3月号、109-119頁
――（2014）『もじれる社会――戦後日本型循環モデルを超えて』ちくま新書
牧野智和（2012）『自己啓発の時代――「自己」の文化社会学的探究』勁草書房
三浦展（2005）『下流社会――新たな階層集団の出現』光文社新書

宮本みち子（２０１３）「若者の自立を保障する――学校から労働市場へ」宮本太郎編『生活保障の戦略――教育・雇用・社会保障をつなぐ』岩波書店、85-114頁
望月由紀（２００７）『進路形成に対する「在り方生き方指導」の功罪――高校進路指導の社会学』東信堂
森真一（２０００）『自己コントロールの檻――感情マネジメント社会の現実』講談社選書メチエ
森山智彦（２００９）『転職経路が機会の不平等性・所得格差に与える影響』全国勤労者福祉・共済振興協会
安田裕子・サトウタツヤ編著（２０１２）『ＴＥＭでわかる人生の径路――質的研究の新展開』誠信書房
谷所健一郎（２０１１）『採用獲得のメソッド――はじめての転職ガイド 必ず成功する転職』毎日コミュニケーションズ
山本寛（２００５）『転職とキャリアの研究――組織間キャリア発達の観点から』創成社
柳井修（２００１）『キャリア発達論――青年期のキャリア形成と進路指導の展開』ナカニシヤ出版
労働大臣官房政策調査部統計調査第一課編（１９９８）『平成9年若年者就業実態調査報告』労働大臣官房政策調査部
渡辺聰子（１９９４）『生きがい創造への組織変革――自己実現至上主義と企業経営』東洋経済新報社
渡辺深（２０１４）『転職の社会学――人と仕事のソーシャル・ネットワーク』ミネルヴァ書房
渡邉正裕（２０１２）『10年後に食える仕事、食えない仕事』東洋経済新報社
Beck, Ulrich, 1997, *The Reinvention of Politics*, Malden Polity Press.（＝東廉・伊藤美登里訳『危険社会――新しい近代への道』法政大学出版局、１９９８年）
Fromm, E., 1941, *The Escape from Freedom*, New York: Rinehart.（＝日高六郎訳『自由からの逃走』東京創元社、１９５１年）
Becker, Gary S., 1962, "Investment in Human Capital: A Theoretical Analysis", *Journal of Political Economy*, 70(5) Part2, pp.9-49.
Furlong, A. & Cartmel, F., 2007, *Young People and Social Change*, Open University Press.（乾彰夫・西村貴之・平塚眞樹・丸井妙子訳『若者と社会変容――リスク社会を生きる』大月書店、２００９年）

Gelatt, H.B., 1962, "Decision-Making: A Conceptual Frame of Reference for Counseling", *Journal of Counseling*, 9, pp.240-245.

Giddens, Anthony, 1991, *Modernity and Self-Identity: Self and Society in the Late Modern Age*, Polity Press.（＝秋吉美都・安藤太郎・筒井淳也訳『モダニティと自己アイデンティティ――後期近代における自己と社会』ハーベスト社、２００５年）

Krumboltz, John & Levin, A.S., 2004, *Luck is no accident: Making most of Happenstance in your life and career*, Impact Publishers.（＝花田光世・大木紀子・宮地夕紀子訳『その幸運は偶然ではないんです！』ダイヤモンド社、２００５年）

Schein, Edgar H., 1990, *Career Anchors: Discovering Your Real Values*, San Diego, CA: Pfeiffer.（＝金井壽宏訳『キャリア・アンカー――自分のほんとうの価値を発見しよう』白桃書房、２００３年）

Taylor-Gooby, Peter, 2004, "New Risks and Social Change", in Taylor-Gooby, Peter (ed.), *New Risks, New Welfare: The Transformation of the European Welfare State*, Oxford University Press, pp.1-28.

Thelen, K., 2014, *Varieties of Liberalization and the New Politics of Social Solidarity*, Cambridge University Press.

Watts, A. G., 2001, "Career education for young people：Rationale and provision in the UK and other European countries", *International Journal for Educational and Vocational Guidance*, 1,pp. 209-222.

ウェブサイト

厚生労働省「平成25年若年者雇用実態調査の概況」http://www.mhlw.go.jp/toukei/list/4-21c-jyakunenkoyou-h25.html（２０１５年2月20日アクセス）

中央教育審議会「今後の学校におけるキャリア教育・職業教育の在り方について（答申）」http://www.mext.go.jp/component/b_menu/shingi/toushin/__icsFiles/afieldfile/2011/02/01/1301878_1_1.pdf（２０１５年12月25日アクセス）

中央職業安定審議会「職業紹介事業等に関する法制度の整備について（建議）」http://www.jil.go.jp/jil/kisya/

syokuan/990311_01_sy/990311_01_sy_betten.html（２０１５年7月20日アクセス）
文部科学省「学校基本調査――平成26年度（速報）結果の概要」http://www.mext.go.jp/component/b_menu/houdou/__icsFiles/afieldfile/2014/08/07/1350732_03.pdf（２０１５年2月20日アクセス）

ちくま新書
1275

ゆとり世代《せだい》はなぜ転職《てんしょく》をくり返《かえ》すのか？
――キャリア思考《しこう》と自己責任《じこせきにん》の罠《わな》

二〇一七年八月一〇日　第一刷発行

著者　福島創太（ふくしま・そうた）

発行者　山野浩一

発行所　株式会社 筑摩書房
東京都台東区蔵前二-五-三　郵便番号一一一-八七五五
振替〇〇一六〇-八-四一二三

装幀者　間村俊一

印刷・製本　三松堂印刷 株式会社

乱丁・落丁本の場合は、左記宛にご送付ください。
送料小社負担でお取り替えいたします。
ご注文・お問い合わせも左記へお願いいたします。
〒三三一-八五〇七　さいたま市北区櫛引町二-六〇四
筑摩書房サービスセンター　電話〇四八-六五一-〇〇五三

ISBN978-4-480-06982-5 C0236

ちくま新書

1114
これだけは知っておきたい 働き方の教科書
安藤至大
いま働き方の仕組みはどうなっているか？ これからどう変わり、どう備えるべきなのか？ 法律と労働経済学の見地から、働くことにまつわる根本的な疑問を解く。

1138
ルポ 過労社会
——八時間労働は岩盤規制か
中澤誠
長時間労働が横行しているのに、さらなる規制緩和は必要なのか？ 雇用社会の死角をリポートし、「働きすぎの日本人」の実態を問う。佐々木俊尚氏、今野晴貴氏推薦。

708
3年で辞めた若者はどこへ行ったのか
——アウトサイダーの時代
城繁幸
『若者はなぜ3年で辞めるのか？』で昭和的価値観に苦しむ若者を描いた著者が、辞めたアウトサイダー達の「平成的な生き方」を追跡する。

1110
若者はなぜ「決めつける」のか
——壊れゆく社会を生き抜く思考
長山靖生
すぐに決断し、行動することが求められる現在。まともな仕事がなく、「自己責任」と追い詰められ、若者が「決めつけ」に走る理不尽な時代の背景を探る。

880
就活エリートの迷走
豊田義博
超優良企業の内定をゲットした「就活エリート」。彼らが入社後に、ことごとく戦力外の烙印を押されている……。採用現場の表と裏を分析する驚愕のレポート。

1128
若手社員が育たない。
——「ゆとり世代」以降の人材育成論
豊田義博
まじめで優秀、なのに成長しない。そんな若手社員が増加している。本書は、彼らの世代的特徴、職場環境、大学での経験などを考察し、成長させる方法を提案する。

1091
もじれる社会
——戦後日本型循環モデルを超えて
本田由紀
もじれる＝もつれ＋こじれ。行き詰まり、閉々とした状況にある日本社会の見取図を描き直し、教育・仕事・家族の各領域が抱える問題を分析、解決策を考える。